大相撲士俵裏

八百長、野球賭博、裏社会…
相撲界の闇をぶっちゃける

貴闘力

彩図社

プロローグ――10年間の沈黙を経て

２０２０年から開始したYouTubeチャンネル「貴闘力部屋～相撲再生計画～」が、みなさんのおかげで２０２４年４月時点でチャンネル登録者数35万人を突破いたしました。

相撲業界の土俵裏には八百長や裏金、裏社会との繋がりなど悪しき風習が山ほど残っています。これまで、私の子どもたちが角界入りしたことにより、事実を言うことができませんでした。

しかし、この本が相撲業界の未来の発展に一役買うことを願って、10年の沈黙を経て全てここに告発いたします。

大相撲土俵裏　目次

2章　裏社会と大相撲

3章　野球賭博の闇

4章　力士たちの土俵裏

5章　おかしすぎる相撲業界のシステム

6章　名門・二子山部屋の裏話

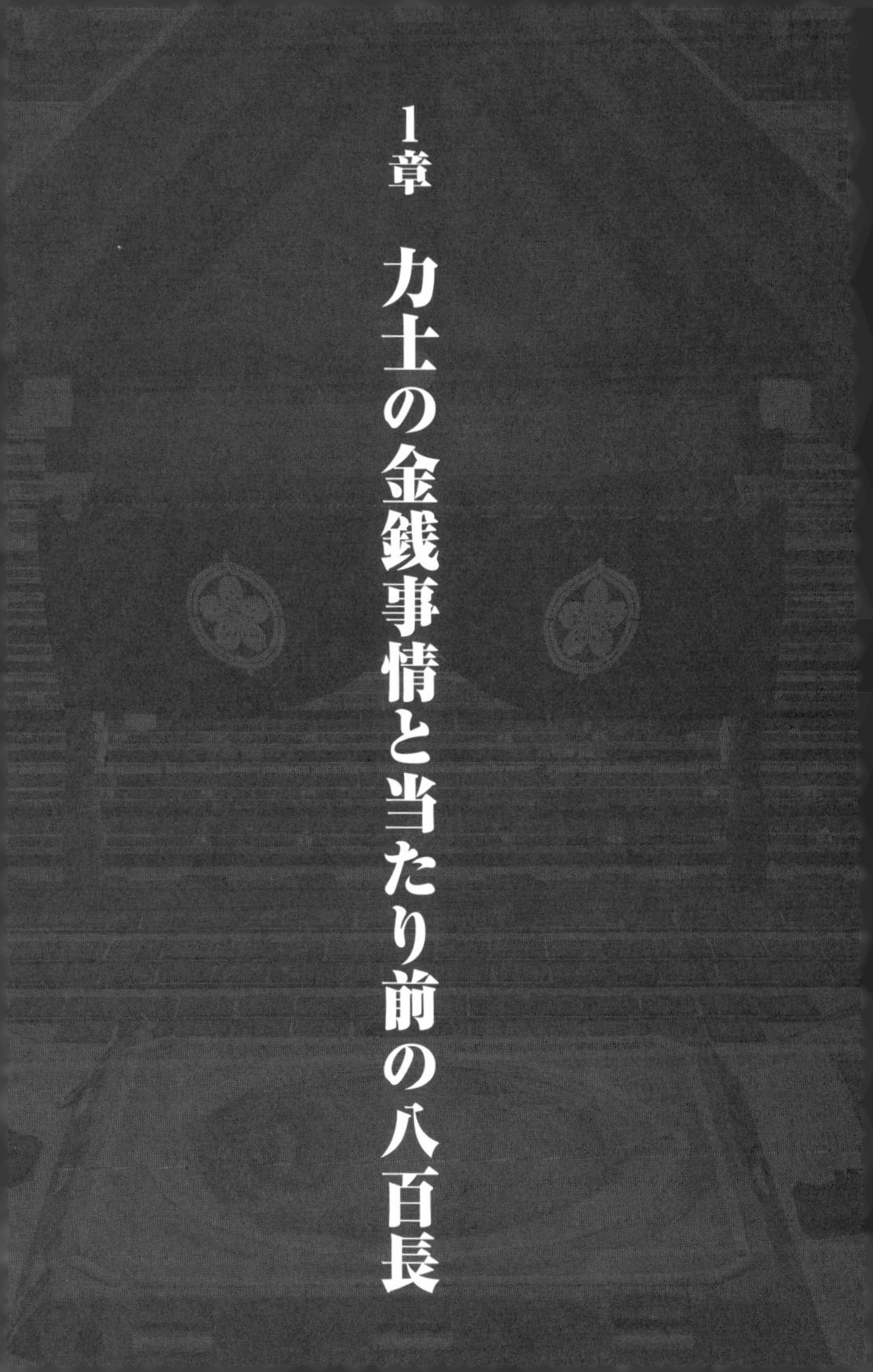

1章 力士の金銭事情と当たり前の八百長

第一番　土俵入り前の誘い

私の相撲人生で忘れられない出来事がある。

1988年7月15日、名古屋場所13日目。当時、私は幕下37枚目でありながら6戦全勝中だった。勝てば関取に上がれる大一番を目前に控え、土俵裏で四股《しこ》を踏んでいた。

対戦相手は井筒《いづつ》部屋の10枚目、同じく幕下の貴ノ嶺《たかのみね》。当時29歳で苦節15年のベテラン力士だった。先輩も後輩も大事にしながら一生懸命稽古に励む人物であることは知っていたが、土俵の上では力と力のガチンコ勝負である。

そんな勝負の前に、井筒部屋の若い人が「ちょっといいですか?」とたずねてきた。

「今日、貴ノ嶺さんでしょ？　譲ってもらえないですか？」

なんと八百長の誘いであった。

「俺はそういうことしないから。新弟子の時からしないって決めてるから」と突っぱねたのだが、次にやって来たのは、同じく井筒部屋所属で当時、幕内三役の逆鉾《さかほこ》さんだった。亡くなった方を傷つけるようなことはしたくないが、真実を話さなければならない。逆鉾さんは私に話しかけてきた。

「お前、分かってるよな？　お前も下から上がってきた相撲取りだから、下からの苦しみは一番よく分かってるよな」

私は「はい、分かってます」と答えるしかなかった。逆鉾さんは「じゃあ、なんとかしてやってくれ」と言う。

これだけの力士が関取でもない後輩の自分にお願いに来るのには理由がある。

この一番に勝てば、貴ノ嶺さんは来月から貧乏な幕下力士から十両に上がることができる。十両に上がると「関取」となり一人前の力士として認められるのだが、何よりの特権は毎月給料が振り込まれるようになることだ。

当時、幕下力士が2カ月でもらえる給料はわずか8万円程度だったが、十両に上がると1カ月に70万円ほどもらえるようになるのだ。幕下と十両とでは扱いがまったく異なる。

つまり、貴ノ嶺さんにとっては生きるか死ぬかの大一番なのだ。そして貴ノ嶺さんは逆鉾さんにとっては先輩にあたる。よって、先輩を立ててくれないかと頼みに来たというわけだ。

私の変わらない態度を見て、ついには「100万で頼む」と金銭の取引を要求してきた。だが、そうではないのだ。私は「100万とかお金の問題じゃない、1000万積まれても1億積まれてもダメだ」と追い返した。

すると、次に来たのが井筒部屋の前頭（のちの大関）霧島《きりしま》だった。霧島は「200万でどうだと持ちかけてきたが、私の意思は変わらない。霧島は「この野郎、欲どうしいやつだな」と私に告げた。そうこうしていると、だんだんと周りに人が集まって来て、四股を踏んでいるどころでなくなってきた。最後にやってきたのがやはり井筒部屋の前頭（のちの関脇）寺尾《てらお》さんだった。「悪かったな、今の話はなかったことにしてくれ。ごめんな」と肩を叩かれた。

結局、八百長の話はなくなり、貴ノ嶺さんと対決するため土俵へ上がる時間になった。私としては一生懸命な気持ちは変わらなかったが、こんなことがあった後では内に燃えたぎる闘志など湧いてこなかった。

取組としては貴ノ嶺さんがパンと叩いたことで早々に手をついてしまい、ガチンコなのに気持ちが乗らずに敗北してしまう。一瞬で決まる勝負の世界であんな前フリがあっては勝負など成立しない。

私は200万の誘いを断ったが、2カ月で8万円しかもらえない末端の力士が勝敗の分からない状態でその提示を受けて、きっぱり断れる人間がその中で何人いるだろうか？

よっぽど精神力が強くない限り、八百長に手を出してしまう人間のほうが多いのは不思議なことではない。そのうえ、八百長をやったほうが褒められるという歪んだ構造さえ存在する。

このように勘違いしている力士たちを教育し直さないと、相撲界がダメになっていくのは明白である。「相撲界の未来に八百長は必要ない」。私が言いたいのはそこである。

もうひとつ、この八百長の裏には「貴ノ嶺さんが多くの力士から慕われていた」という事実がある。番付は低くとも、29歳という年齢であれば関取衆の兄弟子に当たる。今まで裏方で一生懸命努力してきた兄弟子をなんとかしたい、その気持ちはよく分かる。

しかし、八百長となると話は違う。理由はどうであれ、土俵の上では一切の思惑を捨てた真剣勝負が必要なのだ。

第二番　力士の金銭事情

相撲界には、ある大きな隔たりがある。それが「関取かそれ以外」かだ。大相撲に籍を置く力士には、力量や成績に応じた序列「番付」が与えられる。上から順に横綱、大関、関脇、小結、前頭、十両。ここまでが「関取」と呼ばれる位だ。それ以下の幕下、三段目、序二段、序ノ口は一人前未満の力士とされ、「力士養成員」という扱いになる。

先ほども軽く触れたが、関取になると待遇面でかなり優遇されるようになる。一人前と認められ、付き人がつくようになったり、髪型は大銀杏《おおいちょう》が結えるようになったり、土俵入りの際に化粧まわしをつけることができるようになったりとその特権はいくつかあるが、その最たるものが給与である。関取に上がると、給与が大きく変わるのだ。

例えば幕下力士の場合、1場所ごとに場所手当が16万5000円支給される。大相撲の開催は1年に6場所であるため、年間の給料は99万円。月給に換算すると8万円強である。私が現役の時は1場所でわずか5万円だった。とてもではないが、この給料だけで暮らすことは難しい。厳しい下積みの時代だ。

相撲部屋は、そうした幕下力士を1人抱えるごとに力士養成費、相撲部屋維持費、稽古場維持費として、相撲協会から年間で180万円支給される。50人抱えると9000万円だ。この補助金で相撲部屋の主な運営費をまかなっている。

しかし、力士を育てるためのお金をもらっているにもかかわらず、税金を力士本人に支払わせたり、100円払わないと使えないような仕様のクーラーを置いたりする、そんなドケチ部屋も少なくない。飯代は後援会から頂戴したもので節約しながらやっているのが相撲部屋の実情である。

では、十両に昇進したらいくらもらえるのか？　現在は月給で約110万円が支給されるという。「関取かそれ以外か」という言葉の重みが伝わるはずだ。

さらに気になるのは横綱の給料ではないか。横綱の月給は約300万円である。みなさんはこの額を多いと思うだろうか、それとも少ないと思うだろうか。

一般の人にしてみれば多い給料に思えるかもしれない。しかし、野球やサッカーなどのトッププロともなれば、年俸が億を超えるのが現在のアスリートの相場である。それに比べると、横綱の年俸は3600万円。さらに他のスポーツ選手に比べて選手生命は短い。それを加味すると、天下の大横綱の年俸が3600万円というのは少ないと私は思っている。

私の現役時代は物価の違いもあるがもっと少なかった。しかし、それでも悲観など一切していなかった。なぜなら稽古をして強くなれば何十倍もの給料がもらえるという夢を抱いていたからだ。

しかし、こうした力士の金銭事情、特に現状の幕下力士の給料を考えれば、一回の取組で数百万円が手に入る八百長に手を染めるのもおかしくはない話である。

第三番 八百長はいかにして行われるか

私はこれまで八百長に関与したことが一切ない。持ちかけられたことはあるが、すべてそこで断っているため、その先を知らない。しかし、八百長の実態について以前、朝青龍《あさしょうりゅう》の元マネージャー・吉田高幸氏から聞いた話がある。

基本的に八百長は側近でやり取りし、場所単位で精算することになっている。手持ちのお金がない力士は「貸し借り」になるという。

しかし、誰がどれだけ貸しているか分からなくなってくることもあるそうだ。1対1ではなく、複数人での複雑な貸し借りが発生するためだ。引退までに清算できればまだいい方で、中にはそのまま辞めていってチャラになることもザラにある。

これが真っ当な金銭のやり取りであればどこかに訴え出ることもできるかもしれないが、そこは世間には言えない八百長。表立って文句ひとつ言えないのが実態である。そのため、土俵裏では毎回力士が引退するとザワザワするそうだ。

「あいつにこれだけ貸していた」

「その部屋の関取が受け継いでいるのか？」

こんなゴチャゴチャした話になることもある。日本人力士であれば、引退後、退職金をもらってから清算することも可能だが、モンゴル人力士であれば話はそうはいかない。多くのモンゴル人力士は引退後は国に帰ってしまい、そうなると取り返せないことがしばしばある。

ここまで八百長に関する話をしたが、もちろん力士が皆、八百長をしているわけではない。やっていない力士も大勢いるし、特に近年は八百長をやっていない力士のほうが多いと感じる。

その根拠の一つが怪我の多さである。ガチンコで取り組めば、自ずと体への負担は大きくなる。怪我の数が八百長の少なさを物語っていると言ってもいいだろう。

そこで、八百長を完全に廃止するには力士の給与体系も重要だが、「公傷《こうしょう》制度」を充実させるべきなのである。

公傷制度とは、横綱以外の力士を対象とし、本場所の取組の際の怪我と認定されれば休場しても番付が下がらないという制度である。1972年に導入されたが、不正に利用されることが増えたという理由で2003年の11月場所を最後に廃止された。

もちろん不正に利用して休場力士が増えるのでは本末転倒であるが、力士にとって番付が下がることは生活に直結する。八百長を廃止した次に問題になるのはやはり怪我である。怪我による休場が続いて番付が下がったり、体に限界が来てしまうのであれば、八百長に加担して身を守る力士がいてもおかしくない。

ガチンコで取り組むことを求めるとなると、そういう制度を改めて考えていかなければならない時代になっているのではないか。

第四番　八百長が追い込んだ春日錦の死

２０１０年に発覚した大相撲野球賭博問題。現役力士だけでなく親方など大相撲の複数の関係者が暴力団を胴元とする野球賭博に関わっていたとして、大きく報道された。

そして翌２０１１年2月、その調査の過程で「大相撲八百長問題」が発覚する。この八百長に関与した力士23人が引退等の処分を受けた。クビになった人間はその後、コツコツ真面目にやって社会復帰する者もいれば、そのままズルズルと地獄まで落ちていくような者もいる。

八百長をした本人が悪いと言ってしまえばそれまでだが、全てはこの業界にある八百長というシステムのせいである。私が現役の頃は8割から9割の

国技 再び土俵際

大相撲八百長疑惑

勝負、メール通り シナリオ仕立てる？

野球賭博事件で揺れた国技を2日、再び激震が襲った。「流れでお願いします」「ダ
なら20万返して」。明らかになったメールの生々しいやりとりは、かたくなに八百長の存
在を否定し続けてきた日本相撲協会の主張を根底から覆しかねない。放駒理事長は「事
関係を解明したい」と話すのが精いっぱい。改革どころか組織の存続すら危ぶまれ、協
は土俵際に追い詰められた。

日本相撲協会の呼び出しを受け、緊急理事会に向かう（手前から）旭南海関と若天狼関＝2日午後、東京・両国国技館

メールで勝ち負けを打ち合わせたとみられる力士たちは、昨年3月場所（大阪）と5月場所（東京）の土俵でその通りの結果を出していた。立ち合いから決まり手まで、シナリオを仕立てるかのような詳細なやりとり。真剣勝負と信じていたファンの信頼は根底から裏切られる可能性がある。

昨年3月22日の3月場所9日目。三段目の恵那司から十両の千代白鵬へ「今日はまっすぐ思いっきりあたっていきます。よろしくお願いします」とメールが入る。地位が大きく離れた2人が本場所で直接対戦することはない。恵那司は誰の意向でこのメールを出したのか。この日、千代白鵬は寄り切りで臥牙丸に負け。

5月10日、清瀬海から春日錦（現竹縄親方）へ「立ち合いは強く当て流れでお願いしま
春日錦は清瀬海に
流れで少しは踏ん
よ」と返信。11日の5
所3日目、春日錦は
投げで清瀬海に負け

同12日は恵那司か
春日錦へ。「若天狼に
て、南海とあたった
ける感じです」「突っ
だけ突っ張らして胸
け止めて最終的には
差して寄り切りかす
投げあたりがベスト
13日の5日目、春日
送り出しで若天狼
つ。

「今日の清（清瀬
と豊（豊桜）さんの
んな感じ？ 清に貸
ある分で済しても良
ね」と春日錦から恵

大相撲八百長問題を報じる新聞記事（静岡新聞2011年2月3日朝刊より）

人間が八百長に関与していた。そのくらい、当たり前に存在するシステムなのである。

そんな中、ただ一人悪者にされた春日錦《かすがにしき》の無念をここで晴らしたい。

春日錦は野球賭博に関与したことにより謹慎処分を受け、2011年1月場所13日目終了後に引退を表明した。引退後は年寄《としより》・22代竹縄《たけなわ》を襲名し、春日野《かすがの》部屋の部屋付き親方として後進の指導に当たる予定だった。

しかし、引退直後の2011年2月に発覚した八百長問題において、八百長に関与していた力士の黒幕として春日錦の名前が挙がったのだ。このとき、調査に対して八百長を認めなかった力士は相撲協会から引退勧告を受けたが、春日錦は関与を認め、その後も調査に協力したことによって、同年4月1日に職務停止2年という処分が下った。

しかし、春日錦は処分の如何にかかわらず、すでに相撲協会を退職することを決めていた。同年4月5日に相撲協会は春日錦（22代竹縄）の退職届を受理した。

2011年2月、大相撲八百長問題の事情聴取のため理事会に向かう春日錦（写真提供：時事通信）

引退した力士は大銀杏を切る断髪式を行うしきたりである。しかし、春日錦にはそれも許されなかった。5月に予定されていた断髪式は一連の不祥事を受けて事実上中止となり、師匠には「勝手に切れ」と切り捨てられたという。

このような話は私の耳にも入って来た。しかし、今考えると可哀そうだなという気持ちのほうが強い。

そう思うのは10年の時を経て、2021年に春日錦のお姉さんから連絡をもらったからだ。

「八百長のことを話す録音テープが見つかりました。他にもいろんな話が入っているテープがあり、これを役に立ててほしい」と。

とても驚いたと同時に、「それなら、なぜ春日錦本人が来ないんだ？」と不思議に思い聞いてみると、警察発表では1年前の2020年に自死を図ったという。非常に残念な話だ。

死の真相は知る由もないが、ここに春日錦の無念を晴らすため、10年前のテープの内容を記載することにする。なお、ここでは読みやすさを考慮して実際のテープの内容から文言を一部変更している。実際の音声は私の

YouTubeチャンネルにて公開しているので、そちらを当たっていただきたい。

【2014年　新聞取材に応じる春日錦の姉と新聞記者の会話】

記者「これは私の考えから言うと、取材の結果として私が認定しているのが次のようなことです。想像の部分と取材の事実を分けてお話ください」

姉「分かりました」

記者「まずですね、取材している中で聞こえてくる事実関係としては、今現在……というか、2年前から春日錦が黒幕である、と」

姉「そうですね、言われてますね」

記者「というのも、結局、野球賭博を経て出てきた唯一の物証が彼（注：春日錦）の携帯電話のメール記録であると」

姉「はい」

記者「これは僕の想像なんですけど、それでも間違いないと思うんですが、彼は黒幕じゃない。

実際に不適切な相撲を春日錦しかやらなかったのか？　単に今回たまたま、動かぬ証拠を突きつけられて、そういったものが出てきた以上は男らしく全てを背負って貫くしかなかったのではないかと」

姉「そういうことですね。（中略）

親方にも言われていたんですが、2010年6月の野球賭博の一件でね、スゴイものがあったと思います。それが毎日新聞さんからの40人の関与がどうのって記事で……その記事が出た時に春日錦が親方から『部屋から出るなよ』と言われていたと。

私はその（親方の）言ってることが怪しいなと思っていた。なぜかと言うと、野球賭博の時も親方は『孝洋《たかひろ》（注：春日錦の本名）、お前やってるだろ？』と。で、春日錦は『僕やってませんよ』と。それでも（親方は）『だけど過去にやっていただろ？』って。（中略）

今回ボイスレコーダーも聞かせますがね、今回ウチの弟が『ヤクザ使う。あとは徹底的にやるぞ』と言われていて。狙われてるんですよ、恵那司《えなつかさ》（注：八百長に関与し、春日錦とメールのやり取りをしていた力士）も狙われている。お前も身を隠しておけ。そういうのはボイスレコーダーで言ってました。もう、私たちも親方を信用してないの。だから、あの子が黒幕にならなければ収まらなかったと思うんですよね。でも、これからの人生長いですよ。あの子がその後も保証もなしで、親方は『明日からお前は他人だ、俺は関係ない』って。孝洋は『ファンもいるし、申し訳ないと謝りたい』と思っても、そういう場にも出させてもらえない。本当に黒幕に仕立てられてしまった。

（中略）

私が記事にしてもらいたい事は、弟は黒幕じゃないってことなんですよね。だけどそれを示す証拠は、他のみなさん口をつぐんじゃってる。なぜかというと証拠はすべて春日錦から出ていることになっていると。そうですよね？だから、私は記者さんにこれが事実なんですよ、と伝えたい。私は自分からこういう記事にして出してくださいとは言わない。だけど、これが事実なんです」

これを聞いて正直にみなさんにお伝えしたいのが、当時は横綱含めほとんどの力士が間違いなく八百長をやっていたということだ。

現に私は同じ世界で相撲を取ってきたのだ。新入幕の時、11勝4敗の成績で敢闘賞をもらったが、その場所で14勝1敗で優勝しているやつが5番も6番も7番も八百長をしていたのだ。その八百長がなかったら、私の結果が変わった可能性だってあると思うと、「この野郎！」と心の底で憤っていた。こんな世界、絶対なんとかしてやると思うようになった体験でもある。

それに現役の親方で、過去に八百長をやったことがないと胸を張って言える人間がどれだけいるだろうか。

八百長は、関与しているかどうかという立証が実に難しい。例えばAという力士とBという力士が2人いる中で、Aが「コイツと八百長やってますよ」と言ったとしても、Bが「やってない」と言えば成立しない。いくら裁判所で言っても絶対に勝てないだろう。仲間同士でお金を回しながら八百長をしてきた現状もある。

それでも、私は八百長をなくしたいと思っている。なぜ裁判で勝てないと分かっている八百長を撲滅させたいのか？　それは、こういうことをこのまま続けていくと、相撲協会が5年先、10年先を見た時に成り立たなくなるということが想定できるからだ。

八百長ができない、しなくてもいいシステムを構築していけば、八百長は必ずなくなると思っている。そのために私は発信を続けている。

第五番　八百長をなくすための「相撲くじ」

相撲界から八百長をなくすために私が思い描く構想が「相撲くじ計画」だ。相撲くじというと「また貴闘力はギャンブルか」と思われるかもしれないが、そうではない。相撲くじという公営ギャンブル（公営競技）にして、八百長に関与する人間は刑事事件で裁いてしまおうという考えだ。

現在公営ギャンブルに認定されている競艇の選手は、八百長に関与すれば逮捕される。最近では、２０１９年に競艇の西川昌希という選手が故意に減速して順位を操作し、その見返りを受け取ったという事件があった。西川選手はモーターボート競走法違反で逮捕、検察は懲役4年プラス追徴金を求刑。判決は懲役3年と追徴金３７２５万円となった。

相撲界もそれくらいの厳しい罰則があってこそ、初めて八百長がなくなると思っている。現状のシステムでは「八百長ダメですよ」と言ったところで、ここ一番の苦しい時にはやってしまうに決まっている。刑事罰という重さは必要ではないか。

私がギャンブル好きだから、このような計画を思いついたわけではない。実は、過去に相撲くじは存在していたのである。

戦後間もない1946年、相撲協会は大蔵省、日本勧業銀行と協力し、相撲くじを発売した。当たっても現金を返すことはできないが、一等賞品ハワイ旅行や電化製品一式などを贈呈していたらしい。好評だったようだが、一度きりの販売で終わってしまったそうだ。

そこで、私は今の時代にどういう風に動かしたらいいのかを考えた。それが「Odds Park（オッズパーク）」だ。

これは公営競技総合サイトサービスで、競馬、競輪、オートレースの投票券をインターネット上で購入できるサイトである。テレビのCMで見たことがある人も多いだろう。コロナ禍で外出に規制がかかるため競馬場や競輪場に客が入らないにもかかわらず、オッズパークのおかげで売り上げは上がっているという。

相撲くじの場合、すでに土俵はあり演者もいる。ただそこにお金を賭けるだけでいい。事前に必要な経費はシステムを作ることだけだ。ファンの集客を増やせるというメリットもある。相撲の場合は15日間の興行が終わると2カ月休み、そしてまた興行が始まるという繰り返しだから、この相撲くじをきっかけに「もうすぐ相撲が始まるな」と楽しみにしてもらえるきっかけにもなるだろう。新たな相撲ファンの開拓に欠かせないコンテンツになりうる可能性を秘めている。

今、一番の困りごとは相撲に夢がないということだ。夢がないとは、お金がないということだ。他のトップアスリートは何十億円という大金を得ている中で、横綱もそれぐらいのお金を得ることができれば、相撲に将来を見る子どもの相撲ファンも増加するはずだ。

相撲協会は公式のYouTubeチャンネルを保有している。そこで競馬でいうレース前の調教ＶＴＲのように、場所前の稽古風景をライブ配信して客に「今回は調子よさそうだ」などと楽しんでもらう。さらに、そこにタニマチではなくスポンサーをつける。

これらの案が実現可能かはさておき、考えることはできる。しかし、なぜ、相撲協会は改革に着手しないのか？　それはすでに潤沢に資金が回っているから、改革の必要性を感じていないのだ。八百長も見て見ぬふりをしておけば、懐に金が入ってくるのだから、私が言うことなど右から左である。

もちろん、私の意見に賛否両論が生じるのは承知しているが、このくらい極端なことを実行していかなければ今の相撲協会は変わらない。

相撲くじに付随したメリットもある。例えば、地方場所のときに泊まり込みの相撲村を用意すれば力士たちにちゃんとした栄養のあるご飯を食べさせることができる。力士と言えば毎日豪勢なちゃんこを食べているとイメージする人もいるかもしれないが、相撲部屋によっては腐ったようなご飯しか食

国技館の敷地内にある相撲教習所の看板（© 山の山手線）

べられない部屋もあるのだから。

それから、八百長をなくすためには教育も必要である。

力士の世界には新たに入門した力士を指導教育する「相撲教習所」という施設があるのだが、現状これがまったく意味をなしていない。授業は午前中のみで、相撲の実技と座学（相撲の歴史や一般教養、スポーツ医学などを学ぶ）に分かれているのだが、実質3カ月程度しか通うことはなく、あとは部屋に入って稽古に励むばかりである。

これを相撲協会がもっと活かすようにすることが重要だ。ここに3年間通えば高卒資格を取れるようにすれば、中卒からでも相撲界入りする人材も増える。相撲以外のことを学ぶ機会があれば、引退後のセカンドキャリアにも別の道を見出せるかもしれない。

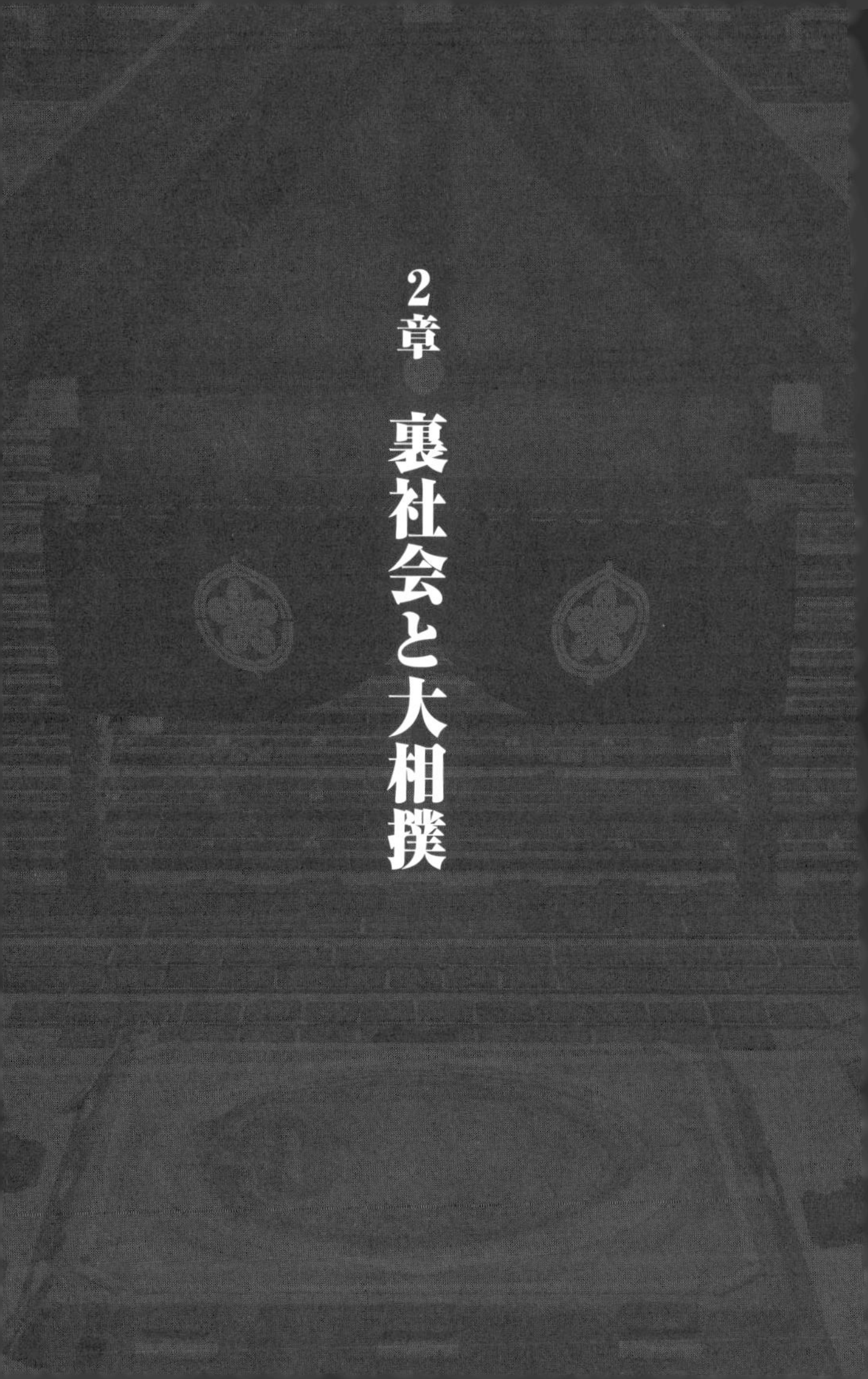

2章

裏社会と大相撲

第一番　ヤクザと酷似している相撲界

ヤクザも相撲取りも、私からすれば似ている部分が多い。ヤクザでは○○組というが、それが相撲では○○部屋と変わった感じだ。

共通点の1つが、相撲部屋に自分の師匠の額が飾ってあること。これは「親方を敬いなさい」ということで、昔の部屋であれば初代、2代、3代と「その人を敬いなさい」という意味で飾られている。一方のヤクザも組事務所には親分の写真が飾ってあって、同じく「この親分を敬いなさい」という意味だ。

それから住み込み制度がある。住み込みとは文字通り、部屋に住み込みで修行することだ。他にも相撲部屋とヤクザともに家訓のようなものがあることも挙げられる。

もう1つの共通点、それが「移籍できない」ということだ。相撲取りとは不思議なもので、「この親方嫌だな」と思っても自由に他の部屋に移籍することができない。昔のヤクザも破門されない限り移籍できなかった。相撲取りは1回クビになったらどこに行くこともできないため、これが最大のネックだ。

今はヤクザの在り方も変わったが、昔のヤクザの世界ではケンカの腕がものを言い、弱い奴は上にいけなかった。だから相撲取りのように力のある者はヤクザに親近感を持ち、ヤクザも相撲取りに憧れるという持ちつ持たれつの世界があった。


実は私の親父はヤクザだった。

親父は小学生の時に戦争があって、小学校1年までしか学校に行っていないため読み書きもできない。当時、街中にはどうしようもない人間がたくさんいる中で、のし上がっていくためには腕力しかなかった。腕力だけでヤクザの世界を上がっていった人だった。

しかし、親父は本当は相撲取りになりたかった。だから、自分に金がなくても相撲取りを応援する。そこには、どうにか利用してやろうという考えはなかったようだ。相撲取りがヤクザを利用することはあっても、ヤクザが相撲取りを利用することはあまりない。たまの飲み会がいいところだろう。ご飯を食べに行くときに、有名人を連れていく優越感を味わうのだ。力士とプロレスラーは地方の飲み屋に連れていくと、ヤクザにとってステータスとなる。

これはテレビ番組「クレイジージャーニー」でお馴染みの裏社会に詳しい丸山ゴンザレスさんから聞いた話だが、刑務所では相撲の中継が流れるので、ヤクザは塀の中に入っている親分や身内に顔を見せるために映りやすい席に座りたい。だから、「向こう正面の一番テレビに映る席を取ってくれ」などと融通してもらうという話もあるそうだ。

しかし、相撲協会もそのやり取りを見て見ぬふりをするわけにはいかない。実際にヤクザに席を斡旋した親方が処分されたケースもある。

例えば2009年7月の大相撲名古屋場所において、暴力団山口組系弘道会の幹部らが土俵下の席で観戦していたのが翌2010年に発覚した。当時の相撲協会は関与した親方に2階級の降格や部屋消滅の厳罰を下した。

ちなみに、監視の目が厳しくなった現在はヤクザに相撲の席を融通することは不可能だ。

第二番　昔の力士はワルばかり

ヤクザに席を融通した親方の処分を見ても分かるように、今はヤクザと表立って付き合うことは許されない。

しかし、歴史を見ればヤクザと付き合いのない部屋のほうが少ないと言ってもいいかもしれない。山口組三代目組長の田岡一雄さんは、若い衆の時に相撲部屋に居候していたときがある。つまりはそういう関係なのだ。昔は引退後の力士がヤクザになることも多かった。

昔の相撲界にはヤクザを凌ぐ悪いやつが山ほどいた。

ある日のこと、神田川沿いを歩いていたときに、正面から向かってきたのは2人のチンピラだった。「どけこら、相撲取りがでっかい体しやがって」

と言ってチンピラが絡んできたのである。

するとー緒に歩いていた先輩力士が「なん言よっとか！　きさま！」と2人のベルトを持って、5メートル下の川底に落とそうとした。

チンピラもこれには「すいません、すいません」と慌てふためいていた。先輩力士が「今度言ったらぶっ殺すぞ」とチンピラを歩道側にぶん投げて事は済んだ。

これはあくまで一例であって、当時の相撲取りにはこんな荒くれ者たちがわんさかいたのである。力士同士の殴り合いの喧嘩も日常茶飯事。ハンマーパンチを一発食らってそのまま失神したなんてこともあった。なかには、相撲はあまり強くないが喧嘩だけは強い力士もいた。

ちなみに、当時喧嘩最強と言われていたのは大鵬《たいほう》親方の付き人たちだ。飲みに行く際は3～4人ほど幕下以下の相撲取りを付き人として連れていくのだが、その時に連れて行ったのは喧嘩が強い人だったとうわさに聞く。

私はと言えば、喧嘩や暴力があまり好きではなく、何かがあればなんとかしないといけないという気持ちはあったが、基本的に自分からそういうことを仕掛けることはなかった。

第三番 貴闘力 vs ヤクザ

昔の話になるが、裏社会の連中と力士の後輩がトラブルになった際は、なんだかんだ守ってあげることが多かった。

かつて藤島部屋の若い衆には、考えの足りないやつがいっぱいいた。例えば、夜に若い衆が飲みにいったときヤクザ者を殴ってしまい、朝方にヤクザが10人くらい部屋に来て「二子山《ふたごやま》を出せ！」と言ってきたことがある。

親方をご指名だったが、世話人から私に電話がかかってきて「おい、なんとかせえ」と言うのである。いきなり親方を出すわけにはいかないとはいえ、ヤクザ者たちが怒り狂っている中で、なぜ私が対処しないといけないんだという気持ちは正直あった。

それでも、そういうのもなんとかしてきた。「先輩は後輩の面倒を見てあげる」ことをずっと守ってきたということもあり、断り切れなかった。「この先輩怖ぇなあ」という人でも、いざとなれば自分のことを助けてくれると思ったら、若い衆は言うことを聞くようになる。昔はそういった先輩後輩の信頼関係があった。

他にもヤクザ関係のトラブル処理はたくさんあった。巡業中に後輩が地回りのヤクザと喧嘩してしまい、話をつけないといけなくなってしまった。後輩を組事務所に連れて行って話をしに行ったこともある。

「お前！　ウチの大事な若い子をシバきあげてどう思ってんだ！」と言われたが、その場では「いやいや、すみません」と謝ることしかできなかった。続いて「なんでそういうことをしたんだ！」と聞かれたので、私も「お前何で叩いたんだ？」と聞くと後輩の力士は「いや〜あの、そいつがデブ専っておちょくってきたから」と言った。

すると、ヤクザの親分が「お前この野郎！　デブ専って言ったのか⁉」と聞くも、ヤクザは「言ってません」と。そこから言った言ってないの話になり、その日の巡業の時間が迫る中で、話をしないといけない事態になった。

話の流れでたまたま地回りの親分が「昔、お前の親父と麻雀やったことがある」と言ったので、これが実にラッキーであった。その場で後輩に2、3発ゲンコツ入れて「体格も違う一般の人を殴っちゃダメなんだよ」と叱り、ちゃんと2人で謝って、「これでもう手打ちにしてくれ」と許してもらった。

ところがこれで話は終わらない。その相手ヤクザから、「今日、夜飯でも付き合うてくれるか？」と提案がきた。こっちとしては付き合いたくないけど、先ほどの一件もあるので付き合わないわけにはいかない。仕方なく、裏の人間とご飯を食べに行くことになった。

悪い悪くないは別として、そこでヤクザに飲み食いをご馳走になるわけである。中にはそこでお金を渡されてヤクザの世界に惹かれてしまう者もいる。今は表立ってヤクザと力士が飲み歩くようなことは減ったが、関係を続けている者も少なくないだろう。

第四番 豪快すぎる裏社会の親父

私の家族の話である。

父親はヤクザだった。そこの組織は、組員になったら先輩が出し合ったお金で刺青を入れる決まりだった。私には兄弟が6人いて、上が女3人、そして弟と妹がいる。父がヤクザを破門になったのが、私が小学4年生か5年生の時だった。

そこから生活が一変する。夜逃げ同然で兵庫から山口へ引っ越し、父親がヤクザを辞めて働くようになってからは家族総出で働いた。私も小学生ながら新聞配達などの仕事をした。ずっと家にいた親父だったが、ある時、一人で福岡に行き麻雀屋をオープンさせる。そこがある程度軌道に乗ったので、家族全員で福岡に引っ越して麻雀屋を手伝うことになった。牌を磨いたり、掃除をしたりといった簡単な手伝いである。

中学の時にはそうした手伝いもいらないくらいに店の運営も安定していたので、ぶらぶらすることが増えた。そんな頃、相撲の存在が頭に浮かんだ。小学校を卒業した時点で力士になりたいという気持ちもあり、それから半年間ほど初代・貴ノ花の親方のところに居候することになったのである。

たまたま知り合いのクラブのママがいて、そのママが紹介してくれたのがきっかけだった。初代・貴ノ花がまだ部屋を持つ前、大関だった時のことで、貴ノ花は「中学校を卒業したらまた来なさい」と言ってくれた。このときは半年間で故郷に帰ることになったが、ここから私の力士への道が開けたのは確かである。

ちなみに親父は金遣いも豪快だった。私が15歳の時に、親父は九州場所へ行って若い衆にしょっちゅうお金を配っていた。1万円で牛乳を買いに行かせてお釣りすべてをあげるのはもちろん、金庫に入っているお金をすべて出して若い衆を遊びに連れて行ったりもしていた。お札をガバッと掴んでクシャクシャにポケットに入れて「遊んで来い」と金を配る。豪快を絵に描いたようであった。

親父はウチの親方、初代・貴ノ花にも一切遠慮なしだった。九州場所でのこと、親方が稽古場に降りてこないことがあった。私の父は親方を起こしに行き、「若い衆が稽古をしているのに、なんで稽古を見ないんだ？　大事な子どもを預けているのに」ともの申すのである。私はこれが本当に嫌で仕方なかった。

当時、30代とまだ若い親方にとって、言っていることは間違いではないにしても親父の態度は鬱陶しくてしょうがなかっただろう。親方と後援者が中洲で遊んだりすることもあったが、親父は深夜2時頃になるとその店に行き「朝早く起きて稽古しないといけないから早く帰れ」と強制的に帰すこともあったという。そんなことが積み重なり、親方はウチの親父のことが嫌いだったのではないだろうか。

第五番　相撲業界に残るいじめ問題

私が藤島部屋に中3で入った時、悪い先輩がたくさんいた。
なかでも一番悪かったのはWである。入門した新弟子に「いじめ免除券」というものを一場所3万円で配っていたのだ。つまり、これを買わないといじめられるということだ。私は田舎から相撲部屋に入るときに周囲の人が餞別として5000円や1万円をくれたので、20万円くらいまとまったお金を持っていた。

すると、どこから聞きつけたのかWは「あんちゃん、親方にお金預けてないの?」と聞いてくる。まだ預けてないですと答えたら「明日返すから貸しといて」と言うので、若かった私は有り金20万円を全て渡した。

しかし、どれだけ経っても貸したお金は返ってこない。3カ月ぐらい経った頃に「すみません、そろそろ」と私が言うと、いきなりスコップを持ってきて「お前は俺に恥をかかせるのか」とスコップで突かれて血だらけになった。

当時の私の給金は2ヵ月で6万円ぽっち。そのうえいじめ免除券で3万円も取られるし、先輩から用事を頼まれるとすべて自腹。金を取られるだけでなく、ケーキ屋でケーキをもらってこさせられたり、4時になったらパチンコ屋で始まる抽選に走って行かされたりすることも。その席で1カ月間当たらないことが続こうものなら、「お前はツキがねえんだ」と叩かれることもあった。

新弟子の時に新宿のディスコ「NEWYORK NEWYORK」が流行した。そこへ先輩たちが行くとなれば、当然ついて行かねばならない。店まで行くのに先輩たちは自転車、私たちは中野新橋から新宿までダッシュ。さらに先輩たちの分までお金を払うのはもちろん私たちだ。5000円くらいしか手持ちのお金はないが、特定の時間に行くと1000円で入り放題かつ、ご飯食べ放題となるのでその時間を狙って行く。こっちが払っているのに「好きなもの食え」と言われて「ごっちゃんです」と頭を下げるようなこともあった。22時になったら部屋の鍵が閉まるので、新宿からダッシュで帰る。帰りも先輩たちはチャリンコ。こんな地獄の生活が3年も続いた。

一人使えないやつがいたら、連帯責任としてみんなで毎回ケツをシバかれた。叩かれるときに当たる瞬間ギリギリで逃げると痛みが半減するといった、どこの社会でも活用できないテクニックも身についた。叩かれる瞬間にギリギリで飛び上がり、痛い感じを演出するのがコツである。

もっとひどかった力士もいる。

たまたま先輩の用事でパンツを買いに行かされたことがあった。場所の初日か2日目あたりで、力士仲間の母親が地元から訪れていて、若い衆が何人かご飯に誘ってもらい、帰るのが遅くなった。しかしそれをみんなで口裏を合わせて「用事で帰るのが遅くなった」ことにしようとなったのだが、一人が先輩に「正直に言わないとぶっ殺すぞ」と凄まれ、「すみません、ご飯食べてきました」と白状してしまった。

そうなれば、全員両手両足を縛られて尻をすりこぎで叩かれた。叩かれると最初は赤くなり、次第に青くなって最後には皮がパンと弾ける。するとミミズ腫れのようになり、皮が全部剥がれる。

翌日も相撲があったが痛くて座れないし、普段はいているパンツのサイズでは収まらないほど腫れるのだ。審判部で座っていた元横綱の輪島さんに「お前藤島んとこの弟子か？　いい色してんな」と言われたこともある。昔はケツの色で力士の部屋が分かったのだ。ヤクザの部屋住みも過酷らしいが、相撲部屋はそれ以上かもしれない。

新弟子のうちはスケジュールも過酷だ。

まず、朝は必ず4時に起床。寝坊をするとシバかれるが、目覚ましを鳴らしすぎても怒られる。そこから歯を磨いて4時15分ぐらいに稽古場に降りなければならない。

ちなみに歯を磨かずに降りれば時間の節約になるが、歯を磨いていないと「お前口くせえんだよ」と半殺しにされることもあった。なお、4時起きだというのに、前日は深夜2時頃まで先輩のマッサージをさせられている。当時は休みもなかったから、たまの休みになったらみんな大絶叫で大喜びだった。

電話番がコール音を2回以上鳴らしたら新弟子は全員で正座を1時間させられる。1回鳴っただけで出ても早すぎるとしばかれるので、2回鳴った瞬間にパッと出る決まりだ。部屋にある電話は30人から40人に対して1台のみ。大事な電話があるときに限って先輩が電話を使っていたりする。もちろん譲ってくれなどと頼めるはずはない。

最初の頃はちゃんこもひどいものだった。親方はちゃんこ代はしっかりくれていたが、誰もちゃんこが作れなかったので味はひどいものだった。安芸《あき》乃島《のしま》関か私がちゃんこ長だと鶏ちりか豚ちりしか作れず、一度豆乳鍋を作ったときは貴乃花は絶賛してくれたが、親方は牛乳が飲めないので「このクソマズいの作りやがって」と罵倒された。大人数が集まれば、出身や好みもあって全員が満足することは難しいのだが、それにしたってよく怒られた。

当時の地獄は相当なもので、ある夜の出来事が今でも記憶に残っている。

Tという力士は母子家庭でお金がなかったので、「いじめ免除券」の3万円を払えず、いじめの対象になっていた。

夜、ふと目が覚めると、Tがいじめる先輩の前にちゃんこ番の出刃包丁を持って立っていたのである。私はすかさず止めに入った……ということはなく、その光景を寝ぼけながら見ていて、「殺してくれたら楽だなー」と思ったのが本音である。しかし、10分、20分とずっと立ちつくすままだったので、「ためらうぐらいならやめとけ」と諭した。

最近も相撲部屋の暴行事件が問題になったが、表に出ている10倍はそういったことがあったと思う。ほとんどの力士が1年ほどで辞めていく理由がお分かりだろう。とにかくいじめが酷いのである。私が若い衆の時には、あんなに硬い土俵の上でバックドロップされたり首の骨を折ったりした人間も3人いた。どれだけ学生時代に鳴らした有望株でもコテンパンにされ、ついには稽古場から逃げ出す者も少なくない。

私が先輩になってからは自分が強くなることのみに精いっぱいで、後輩をいじめる余裕もなかった。とはいえ、それは今だから言えることかもしれない。力士として結果を残せなかったら、引退後も商売がうまくいかなかったら、どうなっていたことだろうか。

「そういう時代だから」では済まない、今も昔も完全アウトの世界である。なぜそういう仕打ちを受けていることを親方なり協会なりに言わずに我慢しているのかと思われるかもしれないが、悪しき風習が黙認されてきたことのほうが問題だろう。

第六番

力士の2大タブー

相撲界に入った時に、先輩力士から「絶対にやってはいけないこと」を2つ教わる。それが「チンコロ（告げ口）」と「テラ（お金を盗むこと）」だ。

私が所属した藤島部屋は、初代・若乃花（10代二子山）が創設した二子山部屋を吸収合併する形でできた。だから、藤島部屋には元々二子山部屋に預けられていた新弟子が10人ほどいた。

私の3年先輩にあたる千葉さんもその一人で、藤島部屋に新弟子として入ってから毎日いじめられていたそうだ。2年目3年目の先輩が見かねて「これは親方に言うべきだ」と進言してくれたが、師匠である初代・貴ノ花（藤島親方）に言うか、先代の二子山親方に言うかで迷った。結局二子山親方に「すみません、いつもいじめられていて」と相談したところ「あぁん⁉」と対応されて、聞き入れてもらえなかったそうだ。

さらに、「1番新弟子の千葉ってのがチンコロした」という話が他の力士に広まり、先輩力士が「ちょっとシメとけ。チンコロするやつは人間じゃねえ」と言ったという。そういう話が私たちにも引き継がれた。

チンコロ＝クビである。相撲が好きで入っているのに、自分が受けた理不尽を親方に相談しただけでクビになるなどあってはならない。今となって思えば周囲に言えばよかったのだが、当時はどんな理不尽な目にあっても言えなかったというのが事実だ。

しかし、一連の事態が発覚した時に初代・貴ノ花親方は「お前ら何で言わないんだ！」とおかみさんとともに激怒した。言う相手を選べば何か違ったのかもしれない。

あとは手くせが悪い人間もたくさんいた。財布をその辺に置いていたら中に入っていた数万円がなくなっていることが度々あった。おかしいなと思った私はお札にチェックを入れて様子を見ることにした。すると2週間が経った頃に、チェックを入れておいたお札がなくなっていたのだ。

すぐに全員に集合をかけて「俺の財布からお金がなくなった」と告げ、一切何も持たず下に行くように指示を出して皆の財布と持ち物を確認した。力士は決められた場所にすべての荷物を入れるので、他の場所に隠していることはまずない。ところが、全部見てもどこにもお金が入っていなかった。

そのとき、1人の若い子の持ち物の中にクラブの名刺を発見した。決して安い店ではない。

「なんでお前がクラブなんか行けるんだ」と問い詰めても口を割らないので、そのクラブにそいつの名前で電話をさせた。すると「いつもお世話になってます」と電話口で言う。

ここまでそろえて「いつも行っているのか?」と改めて問うたところ、彼は自分が盗んだことを白状した。

ここからが異様な世界なのだが、相撲界ではこうした出来事があっても警察に電話することはない。泥棒を見つけたらその場で犯人に怖い思いをさせて、そうすればもうビビッてお金を盗ることはないだろうという考えなのだ。呆れた考えだが、私自身もお金を盗っても見逃された人間を何十人と見てきたので、そういう世界なんだと勘違いしてきた。しかし、「怖い思い」をさせる過程で亡くなったりすることもある。

私と同じくらいの世代の人は、こうした対処を「情がある」と思うかもしれない。しかし、下の世代の人間はれっきとした犯罪なのだから警察が捕まえてサッサとクビにするのが良いと考える人が多いように思う。私も、これから先の相撲界ではこういった「情」にもとづく対処はしないほうがいいと思っている。警察に届けるのが正しい解決策だろう。

一方で、今は不満があればなんでも周囲に言える状況になってしまいすぎたと感じる部分もある。それにより頭を悩ませる親方も増えているかもしれない。

ちなみに、この盗みの一件を貴乃花は今でも「あの時はビビりましたよ」と言う。なぜかと聞くと「あの時は俺も盗まれることがあったから、誰かの差し金で俺の財布に金が入れられていたら言い訳利《き》かないじゃないですか」と。

3章

野球賭博の闇

第一番　消えた５０００万円

２０１０年、私は野球賭博に関与したことが原因で相撲協会をクビになった。クビになったことを今さらどうこう言うつもりはない。私なりにこの10年で自分のしたことを誠心誠意反省してきた。

そこで、みなさんにはこの野球賭博の真実をここでお伝えしたい。どういう構造になっているのか、なぜ相撲界と野球賭博が切り離せないのか。考える一助になればと思う。

まずは野球賭博のシステムについて。相撲界の野球賭博には「胴元」と「張子《はりこ》」と「中継《なかつぎ》」がいる。胴元は賭博の元締め、張子はお金を賭ける人物のこと、そして中継が賭け金を集めて配分する人物だ。力士が賭博に参加するには「中継」にお金を張ることになる。

この中継役が反社の人間だと誤解されている方が多いが、反社なのは胴元であって、中継は相撲あがりのカタギの人間が務めていることが多い。働きながら小遣いを稼ぐような感覚の人間たちだ。

事実として、野球賭博は私を含め相撲界でたくさんの人が関与していた。なかでもあの野球賭博の一件で矢面に立ったのが当時の大関・琴光喜《ことみつき》だ。私と琴光喜だけがこの賭博問題でクビに追い込まれた。

大関時代の琴光喜（©Takato Marui）

琴光喜は中継にお金を預けている張子だった。琴光喜は賭けに勝ってもお金を戻してもらえず、負けた時はそのままお金を持っていかれている状態だった。野球賭博の「や」の字も知らないのだ。

当時の私も大事件に発展するとは思っておらず、相撲界の内側でのことだから大丈夫だろうと安易な気持ちでいたのは確かだ。

しかし、ある日を境に事態は一転する。それは私が野球賭博で500万円も勝ってしまったことが原因であった。

私は琴光喜に配当金の回収を依頼していた。私は当時、琴光喜にお金を借りていたにもかかわらず、どうしてもその勝った500万円が欲しかったので、なんとか都合をつけてくれないかと頼んだ。

500万円はまだ琴光喜本人の手元になく中継の人間のところにあったので、琴光喜が中継の人間に「貴闘力がそう言っているから月曜日につけてくれないか」と話してくれたようだが、中継には断られてしまった。

中継はただお金を集めて配分するだけではない。勝ったときは勝った分の1割が手数料として中継の元に入り、負けた時は賭けたお金がそのまま中継の元に入る。つまり、自分たちのような力士が20人いたら、1年で何千万かのお金は儲かるわけだ。

今回私が勝った500万円はたしかに小さい額ではないが、中継の人間がこういうときのためにお金を残しておけば払えない額ではない。

しかしそんなことはしない。私たち力士の立場は、いざ賭博で不利益を被ろうとも何も言えない人間だからである。週刊誌に叩かれたら自分の立場が危うくなる人間は、「金を返せ」と強要するわけにもいかない。

真偽のほどは定かではないが、中継の人間は「八角《はっかく》理事長の所の力士に200万貸していて手元に金がないから返せない」と言い要求を突っぱねた。さらに、他の元力士にも貸しているなど、他の力士の借金を理由に支払いを拒否した。

話はこれだけで終わらなかった。

ある力士が「俺は金など借りてない！　なのに返せとは何事だ。迷惑料として300万円払え！」と言ってきたのである。この事件をきっかけに野球賭博問題が世間に明るみに出たというのが真相だ。最初のきっかけを作ったのは私であることに間違いはない。

その力士は胴元でもない中継でもない一般の客（張子）である。難癖の矛先は琴光喜に向けられた。私は琴光喜に「そんなの相手にしなくていい。払わなくていいよ」と言ったのだが、琴光喜はそのお金を元力士に払ってしまった。

それも元はと言えばすべて私のせいなのだが、当時の私はお金を払ってしまった琴光喜に腹を立てたことでいざこざが起こり、数ヵ月間お互いに口を利かない状況に陥った。

それからしばらく経ち、3月場所が始まる頃。その力士は先日琴光喜から300万円とれたことに味を占めて、次は40～50人いる中で1人300万円とれたら1億円になるだろうという思惑で、なんと1億円を吹っかけてきたのだ。

私たちも当然1億円なんか払いたくはない。他の力士たちとも話し合ったが、責任は私にある。そこで頼ったのが警察だった。「野球賭博の案件よりももっとキツイ案件をこなしてきた人がいるから、相談するといい」と知り合いに教えてもらったので、私は警察に相談しに行くことにした。藁にもすがる思いだった。

大阪から東京まで足を運んで、部屋に入ると2人の警察官がいた。話をしていくと、最初は野球賭博のことを話しているのに、彼らは次第にヤクザと相撲界の関係について話を振ってくる。

「○○さんは××組の▲▲さんと知り合いですよね？」という具合だ。

しかし、そんなこと知るわけがない。野球賭博のことなどそっちのけだ。当初に抱いていた違和感は話し始めて10分過ぎた頃には完全に不信感へと変わった。結局そこからは真剣な話をしなかった。

警察は1億円の要求について「警察に言ったと相手に言えば話は終わりますよ」と、さらに「もしそれでも何か言ってきたら、もう1回警察に相談してください」と言うので、その日は帰宅し、吹っかけてきた元力士に話をしに行った。

私は「警察に話したんだ。このままうやむやになったら不問にする」と言われた通りに話すと、向こうも分かってくれて「じゃあ無しにしましょう。この話は私らも一切言いません」と承諾してくれる形で事なきを得た。当時の心境は「助かった」、ただその一言に尽きる。力士たちは「野球賭博は怖いからやめような」と、この件をきっかけに足を洗った。

それから2カ月ほど経った頃、5月場所の最中に琴光喜から電話がかかってきた。

「親方。終わりましたわ」

私は状況をまったく理解できなかった。「え？　何が終わったの？」と尋ねた。

すると、琴光喜は「今、週刊新潮から電話かかってきて、野球賭博の話が明るみに出ましたわ。もう、終わりました」と。

その知らせを受けて、私も「ああ、人生終わった」と感じた。

第二番　相撲協会に仕組まれた罠

なぜ収束した話を週刊誌が知っているのか。

あろうことか、リークしたのは警察だった。警察からは後日「こっそり捜査をしようと思ったけどできなかった。脇が甘かった」と何度も謝罪があった。私たちは警察に決死の覚悟でお願いしたというのに、信じたこちらがバカだった。

振り返れば、弁護士に相談するのが一番良かったのだろう。自業自得と言う他ないが、こうして、現役の親方として相撲界の再生を成し遂げる私の夢は潰えた。

この大相撲野球賭博問題について、相撲協会は「賭博関与を申告すれば厳重注意で済ませる」とした。琴光喜は関与していたことを告白し、翌7月場所の自主謹慎を申し出た。しかし、6月27日に特別調査委員会から「除名もしくは解雇処分」の勧告案が出され、7月4日の臨時理事会で処分が決定、琴光喜と私は共にクビとなった。

この一件について、私がどうしても納得できないことが一つある。琴光喜の処遇についてだ。琴光喜はクビになるが、琴光喜と同じ立場の人間は相撲界に他にもいたのである。しかし、彼らは謹慎処分に終わり琴光喜だけがクビ……。

私はそういうことになる事態を恐れて、処分が下る前に琴光喜が所属する佐渡ヶ嶽《さどがたけ》親方（琴ノ若《ことのわか》）を直接訪ねた。

「俺が全部悪いんだ。俺の責任だから俺は責任を取って辞めるけど、琴光喜だけはなんとか助けてくれねえか」

するといと佐渡ヶ嶽親方はこう言った。

大相撲賭博・報道陣に対応する佐渡ヶ嶽親方（左）と尾車親方（写真右、右奥）
（写真提供：いずれも時事通信）

「俺は尾車《おぐるま》さんに一任している。それは俺の一存ではどうにもならない」

私は呆れて言葉も出なかった。親方なのに、自分の弟子が困っているときになぜ助けようとしないのか。佐渡ヶ嶽親方だって、過去には私たちと一緒に花札やポーカーゲームもやっているのに。なぜ、琴光喜だけがクビにならないといけないのか。

「お前が助けてくれたら、琴光喜だって恩に思って一生お前の言うこと聞くじゃないか。なんとか助けてやってくれよ」

そう話すも話は進まない。一方で、

尾車親方は琴光喜の所へ行き「正直に言ったら助けてやる」と助言したそうだが、結果はご存知の通りである。

なぜ、野球賭博に関わった人物の中で私と琴光喜だけがクビになったのか。それは、協会理事選で貴乃花に票を入れた私、そしてその私と深く関わることになった琴光喜が協会からすれば邪魔だったからではないかと見ている。

貴乃花派が力を持つと協会内部のパワーバランスが崩れてしまう。そのような未来を見越して、私たちは排除されたのだろう。裏には理事長選からの確執が絡んでいたというわけだ。

私は自ら親方に辞表を提出して相撲界から去るのだが、琴光喜のクビに関しては10年余りが経過した今も心に残っている。解雇後に、琴光喜は相撲協会に対して「解雇は不当」であるとして裁判を行うが、協会の偉い人はすべて敵である。当然、勝ち目はなかった。

第三番　家族総出で野球賭博

この野球賭博事件が起きてしまった原因をとことん追究すると、それは私のルーツにあるのではないだろうか。

私が最初に野球賭博のことを知ったのは小学生の頃だ。私の出身である神戸市の新開地《しんかいち》は当時、西成のあいりん地区を小さくしたような街だった。とにかくガラが悪い。

前述のとおり私の親父は神戸のヤクザで、新開地でギャンブルを運営していた。一番羽振りが良いときは、当時のスーパースターだった巨人の王さんや長嶋さんはおろか、巨人の1から9番までスタメン全員の合計より給料が多い時代があった。

その頃のギャンブルといえば、場外馬券場のような売り場が整備されていることもなく、個人の人間がサテライトとして受け付けていたため、その売り上げは小さい競輪場より上だったそうだ。

野球賭博を発明したのはおじの兄貴分だったという。1試合で2億から3億のお金が動く。そんな環境で育ち、小学校の時は「巨人が勝った、阪神が勝ったな」と言いながら近くに当たり前のようにギャンブルがあったので、罪悪感などまったく抱かなかった。

九州に夜逃げ同然で引っ越してからは、親父が経営する麻雀屋で手伝いをして小遣いを稼いだ。昼12時に起きて麻雀牌を磨くと、1卓200〜300円がもらえた。

また、昼の3時か4時に手伝いが終わると、そこからは客と麻雀だ。その麻雀もだいたい私が勝っていて、1日の収入が1万円、月に30万円ほど稼いでいた。

それを持って休みの日には競艇場へ行くこともあったが、坊主頭で行ったため補導されて「そんなことしていたらヤクザになるしかないぞ」と警察に諭され、柔道の強い学校を紹介された。その中学にいたのが後にプロレスラーになる佐々木健介だ。彼とは40年来の付き合いになる。

中学卒業前には天理高校やいろいろな学校から柔道のスカウトも来たが、全ては相撲のためにやってきたことである。初代・貴ノ花親方には半年間面倒を見てもらった恩義もあったので、中学卒業とともに藤島部屋に正式に入門したのである。

第四番　ギャンブルで手に入れた化粧まわし

中学卒業後、相撲界に入ってからは朝から晩まで練習があり、ギャンブルをする暇はなかった。どっぷりとギャンブルに浸かった子ども時代だったが、入門後には自然とギャンブルと距離ができていった。

初代・貴ノ花親方は厳しい人で部屋には門限があった。門限以降は外側も内側もすべて鍵が閉められてしまう。朝から晩まで練習で遊びに行けないのはまだ分かるとして、応援してくれる人と外で繋がりを作る機会がない。

ところが、十両に昇進した瞬間に後援会（タニマチ）を作れと言われるのだ。こんなものすぐに作れるわけがない。私の親父はヤクザだったので「そういう人間から金集めてくる」と言ってくれたが、当然「さすがにそれだけはやめてくれ」と断った。

十両になると給料は跳ね上がるが、出費も増える。土俵に上がるときに着用が許される化粧まわしは数百万円するし、締込《しめこみ》（取組の際のまわし、特に関取が本場所で締めるまわしのこと）や着物など、身の回りにお金がかかるが、基本的にそれらを自分で用意しなければならない。

さらに、悪い風習が残っている部屋では、親方が十両に上がった力士に上納金として数百万の金を持ってこさせるのである。本当に可哀そうな人間は親が田畑を売って化粧まわしを用意することもあったという。少なくとも親方への上納金などというバカな話があるだろうか。十両に上がってもこんなに金に苦労するのかと思った。

ブラックな人たちの協力を得ず、なんとか300万円かき集めた。ところがそのお金を失ってしまった。これまで、「そのお金は知り合いの人に預けていたら取られた」という話にしていたが、実は死んだ親父に預けていた。それをすべて使われていたのだ。唖然としたが、ないものはどうしようもない。腹をくって、十両なのに化粧まわしをつけないで綿のまわしで土俵に上がろうと決心した。

そんな時にたまたま訪れたのが大井競馬場だった。手元には10万円。

「もし、この10万円が400万円になれば、神様は俺を見捨てていない」

そんなことを考えながら、1レースから10レースまでじっと睨み倒し、この馬だと確信したところで一発勝負。すると、勝ち金は160万円になった。

さらにその160万円を、直感で「光っている」と思った2頭に全部賭けたところ、400万円になったのである。神様は見捨てていなかった。

そのお金で化粧まわしを購入した。ギャンブルに育てられ、ギャンブルに救われ、ギャンブルに破滅させられた人生なのだ。


私が幕内に上がったぐらいの頃、その当時はたくさんの先輩連中、および横綱も野球賭博を楽しんでいた。もちろん、名前は出せないが現在は親方になっている人もたくさんいる。

名前を出せないのは怖いからではなく、30年以上前の話で証拠もないので、裁判になったら負けるからだ。野球賭博の鉄則は証拠を残さないことである。良いように言えば、信頼関係の上に成り立つギャンブル。恐ろしいことに無知な人間は携帯のメールで「どこどこに20万円」などと証拠を残してしまう。

なぜ、相撲界で野球賭博が流行したかというと、それは力士のスケジュールに関係する。

だいたいの部屋では朝から昼まで練習して昼寝を挟み、夕方から自由時間というのが一般的だ。18時から始まる野球の試合は、力士たちにとって絶好のギャンブルタイムなのだ。そうこうしていると、例の事件が起きて恐喝されたというわけだ。

野球賭博に関しては一般の方が言うような裏社会との繋がりは一切ない。あの事件以降、今はさすがに野球賭博をやっている力士は1人もいないだろう。

私は自分の反省として、こういうことを相撲界からなくしていきたい。

4章 力士たちの土俵裏

第一番　白鵬、モンゴル中のランクルを買い占める？

日本の大相撲に、いまやモンゴル人力士の存在は欠かせないものとなった。モンゴル人力士の歴史には第一期、第二期、第三期があると考えている。第一期のモンゴル人力士は90年代前半に土俵入りした旭鷲山《きょくしゅうざん》、旭天鵬《きょくてんほう》などである。

第一期生の頃はモンゴルから来日して、直接相撲部屋に入門するのが主流だった。当時、モンゴルの給料は月1～2万円で、物価は日本の10分の1程度。ジャパニーズドリームを夢見て、日本語も分からない若者が入門し、一から勉強していた。

第二期にあたるのが90年代後半、代表的な力士が朝青龍である。これ以降は「相撲留学」が行われるようになる。直接部屋に入門するのではなく相撲部のある高校に留学して、卒業後に入門となる。

朝青龍も全寮制の明徳義塾へ相撲留学をした。ここではまず日本語の読み書きから勉強を始めるのだが、外国人にとって難しいと言われる日本語の習得には3年かかるという。つまり、高校時代の3年はすべて日本語の習得にあてられ、日本の相撲文化や歴史の勉強まではたどりつかないという現状だ。

ちなみに、朝青龍は高校1年生の時はそこまで強くなく、そのために悪い3年生の先輩にいじめられたという。来日間もない若者にとっては厳しい環境だ。「態度が悪い」などと槍玉に挙げられることが多い朝青龍だが、いじめられた経験がなければ良いやつのままだったかもしれない。

話を戻して、相撲留学をする場合は日本の高校入学に合わせ15歳で来日するのだが、それまでは学校へ行けていない子が多数いる。モンゴルの都市部を離れた場所では家業の放牧（羊飼い）の仕事をするのが今でも一般的で、その間は学校へ行くことができないのだ。

モンゴルの地方へ行くと辺り一面は草原が広がり、道らしい道はなく、もちろん学校も基本的にない。そのような環境から日本にやって来るのである。

第三期生は2000年代初期、白鵬《はくほう》らの世代である。この頃になると、すでに大相撲で実績を積んだモンゴル人力士を頼って来日することも多くなった。こうして日本に集ったモンゴル人力士はそれぞれに力をつけ、横綱の位に立つ者も現れるようになった。

モンゴル人力士の引退後は、モンゴルに帰国してビジネスを行うのが一般的になっている。

第一期生の旭天鵬は日本に帰化して親方をしているが、同じく第一期生の旭鷲山はモンゴルで実業家となり、政治の世界へも足を踏み入れた。日本で成功した先駆者として政治とのパイプをつくり、ある程度ビジネスで成功を収めている。

第二期生の朝青龍もモンゴルに帰国し、２０１７年には大統領特使に任命された。モンゴルでは今もなお人気があるそうだ。朝青龍のお兄さんは元々レスリングのオリンピック選手で、日本の国会議員にあたる立場の人物であり、さらに国に対する信託銀行の役員も務めているという、非常に頼もしい後ろ盾もある。ちなみにモンゴルで最初のオリンピックメダルを獲ったのが白鵬のお父さんである。

第三期生となる白鵬に関しては、２０１９年に日本国籍を取得し、日本に残って親方となる道を選んだ。現役時代から内弟子をつくっていたこともあり、いずれは相撲協会の理事長になりたいという意思の表れなのだろう。

しかし、白鵬はモンゴルでビジネスに手をつけている。モンゴル国内でトヨタの４ＷＤ「ランドクルーザー」の総代理店免許を持ち、白鵬の身内がディーラーを経営しているのである。モンゴルでランクルを買うときは白鵬の身内の会社でしか買えないということだ。前述のとおりモンゴルの草原に道らしい道はなく、ランクルはまさにうってつけである。大人気の自動車販売で独占的に利益を上げているというわけだ。

ちなみに、朝青龍は元々ランクルに乗っていたが、白鵬がランクルの販売をするようになってからはレンジローバーに乗り換えたという。2人は今ものすごく仲が悪い。モンゴルの利権が絡んだ横綱同士の対立がうかがえるようだ。

第二番　朝青龍が親方に奪われた数億円

私は朝青龍と一度だけ取組を交わしたことがある。2001年の初場所5日目。サッとすくわれて、サッと押し出されたことを思い出す。力を出さずにやられて悔しかったのだが、同時に「上手いな」とも思ったものだ。朝青龍はそれからどんどん力をつけて横綱となり、2010年に引退した。

辞める時には引退相撲興行というものが行われる。長年土俵の上で闘ってきた力士を送り出すめでたい場であるはずなのだが、様々な思惑が絡むことでなんとも後味の悪いものになることが少なくない。朝青龍の引退興行がまさにそうなってしまったのである。

朝青龍の引退興行の際に「興行権からチケットまで高砂《たかさご》部屋の仕切りでやりたい」という話が上がった。当時の高砂部屋の親方は朝潮《あさしお》さんだ。

しかし、朝青龍が「チケットだけはコチラで売らせてください」と願い出た。チケット代金＝興行権なので、興行権をすべて部屋に渡して仕切りを部屋に任せると、朝青龍の収入は激減してしまうのである。

結局、国技館で行われる断髪式の仕切りは高砂部屋が行い、二次会の引退披露パーティーは朝青龍個人の仕切りで行うことで折り合いがついた。知り合いの事務所の方でチケットを刷り、場所は都内のホテル「ザ・プリンスパークタワー東京」となった。

しかし、ご祝儀は基本的に国技館でもらえるものだ。国技館の興行の仕切りは高砂部屋のため、そのままだと部屋にご祝儀が渡ることとなる。そのため朝青龍は「部屋に渡すな！　あれは俺のだ」とマネージャーに頼み、朝青龍のマネージャーはそのとおりに国技館でもらったご祝儀をまとめて袋に入れていた。

すると、高砂部屋のおかみさんが「ちょっと何やってんの！」と怒鳴り込んできたそうだ。マネージャーが「これは個人のものなので」と言うと「これは部屋のものなのよ」と食い下がる。引退興行というめでたい席なのに現場は騒然となった。マネージャーがなだめながら祝儀袋を持って行くと、おかみさんはずっとついてきたという。

つまり、朝青龍は横綱になってもなお、ご祝儀を部屋に管理されていたということだ。優勝パーティーなどは基本的に部屋仕切りで行い、その場でいただいたご祝儀は部屋が管理していた。朝潮親方もまったく払わないということはないが、朝青龍の取り分はだいぶ少なかったようである。

それがあって、彼は「引退に関しての祝儀は俺のだ」と、そして「もちろんパーティーのほうの祝儀も俺のだ」と主張したわけである。朝青龍は口癖のように「俺は何億も朝潮に取られた」と言うのだから、よほど思うところがあったのだろう。

引退興行に限らず、たとえば「大関への昇進」のようなめでたい場面においては、様々な方からお祝いをいただくことがある。コロナ前はパーティーを開催してお金を集めていたし、それが難しくともいろんな社長さんがお祝いを持ってきてくれる。

普通は、部屋のおかみさんがそれをすべて集めて、「いくらもらいました。お礼に一筆書きなさい」と言って力士に渡すものだろう。

私が所属していた藤島部屋は、親方もおかみさんもきっちりしていたので、私の時もまさにそうしてくれた。引退相撲のときも、親方からは「俺は若貴のことで精一杯だから、悪いが好きなようにやってくれ」と言われており、親方が引退相撲に関わることはなかった。私の義理の父・大鵬親方が「お前はよくしてもらったんだから、俺に300万、藤島部屋の親方にも300万渡してくれ」というのでその金を親方に持って行くと、「そんなのは受け取れない。お前取っておけ」と突き返された。後から知るのだが、こんなことを言ってくれる親方は稀だという。

そう、相撲界には様々な親方がいるのである。部屋によって、親方によっては力士の祝儀を自分の懐に入れることがある。祝儀の管理がバラバラなのだ。

私はこの問題を議論していかなければいけないと考える。もらえる所が当たりで、もらえない所がハズレというのではあまりにも力士が不憫だ。朝青龍だって親方にお世話になっているのだから、「折半でお願いします」と決まっていたらそれはそれで了承したはずだ。それを不透明にするから怒るのだ。

この辺のルールは簡単に整えられるのではないだろうか。個人個人に任せることで不公平感やズルが生じるのだから、相撲協会でキッチリしてほしいと願っている。協会全体で管理すれば、不正が入り込む余地はないのだから。

第三番　武蔵丸、左肩筋肉断裂でも横綱に

私が現役だった時代に2人の外国人横綱が誕生した。ハワイ出身の曙《あけぼの》と武《む》蔵《さし》丸《まる》である。1993年に曙が外国出身力士で初めて横綱となり、1999年に武蔵丸が横綱となった。曙・貴乃花・若乃花・武蔵丸らで4横綱時代を築いたのだった。

私は現役時代、武蔵丸を苦手としていた。相性の悪さもあっただろう。私が一番力を出せるのが左おっつけで右喉輪だ。これがちょうど差し手にハマっていって、武蔵丸がカチあげてきたときに上手くハマってくる。上手くハマるからそれで負けてしまうのだ。

ただ、ある日とても簡単に勝てたことがあり、「あれ?」と不思議に思った。

実は武蔵丸は、ハワイでアメリカンフットボールをやっていたときに左肩の筋肉が切れている。つまり、左からの攻めにはもの凄く弱いというわけだ。だから、武蔵丸はあえて右から差して左手はあてがう相撲を取っていた。そのような状態にもかかわらず、横綱にのぼり詰めたのである。

これは私が引退した後から知ったことで、もっと早く教えてくれていればもうちょっと勝てたかもしれない。今、考えるとこうしておけばよかったという後悔である。簡単に勝てたあの日の取組はそれがたまたま上手くできていたのだろう。

しかし、左側が弱点だとしても私は左から攻めるのは得意でなかった。この弱点を当時知っていたとして、どのような結果になっただろうか。

一方で曙には勝てることもあった。曙は当たって突っ張るので、この突っ張る手を伸ばす前に中に入ってしまえばなんとかなるのである。

それがあるので、なんとかかいくぐって勝つこともあったが、うまく中に入り込めなかったときはいつも一発で電車道で持っていかれたものだ。

普通の突っ張りであればかわせるものも、曙の突っ張りとなればもう一突き入ってくるので腰が砕けてしまう。もう一突きを止めるために踏み込むし、中に入って突っ張りをかいくぐるようにできたときに相性が良かったと言われただけである。ちなみにこれらの戦術は辞めてから分かったことが多い。


若貴と曙は同期生だ。その中で私は曙と一緒に幕内に上がった。1990年秋場所幕内昇進したのが貴闘力、曙、若乃花、大翔山《だいしょうやま》の4人だ。

曙は最初の頃は怪我もなくヒザもしっかり曲がったので、稽古場では腰を落とされて同じ目線で突かれたら正直どうしようもできなかった。世間では「曙は大して強くない」などと言う人もいるが、貴乃花との対戦成績は21勝21敗の五分だ。確かな実力者である。

私たちのような同部屋で若貴と対戦できない力士は、曙や武蔵丸と対戦しなければ客は喜んでくれない。その時代に曙という力士と相撲を取らせてもらったことは大変ありがたかった。

相撲をやめても曙とは連絡を取り合っていた。実はここだけの話、私はプロレスを3試合やったことがある。プロレスの引退を決め、最後の相手に選んだのが曙だった。曙にも最後に「国技館で試合をやろう」と持ち掛けたのだ。

しかし、それは叶わぬこととなった。2017年4月に曙が急性心不全となって入院してしまったのだった。相撲の聖地で行う伝説の一戦は幻となった。

入院して間もないときに若乃花が訪ねたときは植物状態と言われたそうだが、その後、貴乃花から「今、喋れるようになって車イスで動けるようになった」と連絡があった。曙は私の2歳下。体が大きい人は病気も怪我も多いから仕方ない部分もあるのだが、心が痛かった。

そういえば、曙のために治療院で大喧嘩をしたことがある。

曙はあんなに大きな体なのにアキレス腱は太った人のアキレス腱ではない。

バスケットをしていたこともあってバネがあり、200キロあるとは思えないフットワークだった。

現役時代に私は曙を2回怪我させてしまっているが、怪我をして弱い曙ではなく、強い曙と闘いたい。土俵際までぶっ飛ばされて「この野郎」と思える時が楽しかった。若貴も曙が元気じゃないと相撲が盛り上がらないと考えていた。

私はいろんな治療院に通っていたこともあり、足が悪いという曙にピッタリだと思える名古屋の施設に曙を連れて行ったことがあった。

その当時の治療院の人間が、結構な金額をふっかけてきたのである。1回診たら3万円、と。それでも治ればいいという思いもあったのだが、その治療院の人は曙に「1000万持ってこい」と言ってきたのだ。私は思わず腹が立ち「お前、ふざけんな！」と怒鳴ってしまい、曙にはわざわざ連れてきたのにごめんなと謝罪することになった。曙は「全然気にしなくていいっすよ」とあっけらかんとしていた。

土俵に上がったら敵同士だったが、好きとか嫌いではなく、ただ元気でいてもらいたい。その方が楽しいからだ。その気持ちは今も変わっていない。

ところが、その願いも叶わなかった。2024年4月11日、曙が心不全のために亡くなったとの報せが届いた。まだ若く、残念でならない。

訃報を聞いてから、現役時代の取り組みのこと、巡業中の思い出、相撲をやめてからの幻の試合のことなど、様々な想いが巡った。悔やまれるのは、倒れてから曙のお見舞いにきちんと行けなかったことだ。

もう一度、曙と戦いたかった。どうか安らかに眠ってほしい。

第四番 曙キラーの立役者 豊ノ海

２０２１年11月20日、元幕内・豊ノ海《とよのうみ》が56歳という若さで亡くなった。旧藤島部屋で、体重２００キロを超える巨体を活かした寄りで活躍し、最高位は前頭筆頭。初土俵以来の通算連続出場は史上８位の１３１６回だった。死因はサイレントキラーと呼ばれるすい臓がん。進行が速く症状が出にくく、見つかった時にはすでに遅かったそうだ。私も２０１８年にテレビで脳梗塞の症状が見つかり、余命８年と宣告されているから他人ごとではない。

豊ノ海さんは私より２年先輩で、１９８１年に部屋入りした。入門した頃は体重１２０～１３０キロだったというが、私が入る頃には１５０キロに増えていた。腕立てが１回もできず、同期生の中で相撲は最も弱かったという。

毎日親方に竹刀でどつかれながら練習して、腕立てが10回、20回とみんなについていけるようになる頃には腕力もつくし、四股も毎日怒られながらでもやれば自然と力がつく。地道な努力を重ねて成長した、間違いなく藤島部屋に入ってよかった力士である。

よく師匠に言われた言葉が「お前と豊ノ海は俺の部屋じゃなかったら関取になってねえ」だ。それだけ素質がなかったのかと落ち込むことがあったが、初代・貴ノ花親方の教えで強くなったのは事実だ。

安芸乃島《あきのしま》さんも豊ノ海さんも親が漁師なので毎日魚を食べており、骨が異常に太い。つまり、体が大きくなっても内臓が強い。普通は200キロも体重があれば動けなくなるが、それでも動けるのは恵まれた体だったといえる。最高は220キロあった。

豊ノ海さんは「社交性がない」「人見知りする」だとか言われていた。当時、みんなでどこかに行こうとなっても「オレは行かない」と断ったり、そういう感じなので後援会の人があまり集まらなかったりした。1人でパチンコを

引退が決まり、記者会見に臨む豊ノ海（左）。右は二子山親方（元大関・貴ノ花）（写真提供：時事通信）

打つのが好きだったようだ。

しかし、私は豊ノ海さんに感謝しかない。私が幕下力士の時の豊ノ海さんはすでにバリバリの幕内力士だったのだが、稽古場では無茶苦茶強い相撲取りではなかったので、当たっていったら勝つこともあった。

「豊ノ海さんに勝てるんだったら自分も幕内力士になれる」という良い勘違いが生まれ、自信に繋がった。若貴も、貴ノ浪《たかのなみ》も、みんな自信をつけさせてもらった。それに、体が大きく思いっきり当たりに行けたので馬力もつけさせてもらえた。曙などの大きい力士を倒せるようになったのも、豊ノ海さんとの稽古があったからこそだと思っている。

豊ノ海さんが相撲協会を辞めてうどん店をやっていたときに訪ねたことがあったのだが、以前のような人見知りの面影がまったくなかった。嬉しそうな顔で「たまにはみんなを連れて遊びに来てよ」と言ってくれた。

私はあの豊ノ海さんがこんなこと言うの？　と驚きを隠せなかったが、人間は苦しい思いを経ると変わるんだと身をもって実感した。そんなおべんちゃらが使える人間だったら、ずっと親方を続けていたに違いない。

親方を続けるにはとにかくお金がかかるので、後援会との付き合いなどお金が入るシステムを作ることが必要不可欠。豊ノ海さんは山響《やまひびき》を襲名するも、7年で退職している。人付き合いが苦手だと親方として部屋を大きくするのは難しいのだろう。

第五番

千代大海と裏カジノ

朝青龍の元マネージャーに吉田さんという方がいる。吉田さんは千代大海《ちよたいかい》が三役に上がる前から繋がりがあり、大関になるまで約10年間運転手を務めたこともある。千代大海と風俗店の前でＦＲＩＤＡＹに写真を撮られたことがあるのも彼だ。

その吉田さんから、千代大海とカジノについての話を聞いたことがある。

ある年の名古屋場所でのこと、某週刊誌に「千代大海は博打好きが高じて裏カジノに出入りしていたんじゃないか？」という記事が出たことがあった。

また、その記事をリークしたのは吉田さんじゃないかという噂も出た。

実際のところその出版社とは何の縁もなかったということだが、内容はほぼリアルだったという。例えば、場所中にカジノに行って博打をしていたことなどはそうだと。

吉田さんも当時、「ここまで送って」と言われ車で送ることは多々あったそうだ。千代大海を降ろして周りを見渡すと、「この店はなんだ?」とクエスチョンマークがつくような店舗があったという。

そこの店舗に入ったかどうかまでは定かではないが、疑われても仕方ない行動を取っていたことは確かである。もし、この事実が明るみに出ていたら、千代大海は追及を受けてクビは避けられなかっただろう。

決定的だったのが、ある日突然、吉田さんではない別の人物と出かけるようになったことである。それが裏カジノを経営していた人物だったのだ。「疑わしい店には行かないように」と注意する吉田さんがわずらわしくなったのか、千代大海はその人物と出かけるようになった。

直接その場面を見てはいないが、恐らく千代大海がその人と出かけるときの行き先は裏カジノだったのだろう。

賭博罪の時効は3年なので、これが事実だったとしても千代大海に罪を問うことはできない。また、当時は千代大海だけでなく幕内力士やそれ以外の相撲関係者でも裏カジノに行っていたと聞いている。一昔前の相撲界は秩序が乱れていたことが分かる話である。

第六番　千代大海と露鵬の場外乱闘の真相

振り返っていると、名古屋場所で力士の不祥事が起きることが多い。開催が7月と暑いのでイライラするという理由もあるかもしれないが、名古屋場所の会場であるドルフィンズアリーナの構造にも一因があるように思う。控室は東西に分かれているが、風呂は隣りあっている。そのため、対戦した力士同士が顔を合わせてしまい騒動が起きやすかったのではないか。

千代大海と露鵬《ろほう》が場外乱闘騒ぎを起こしたのも、名古屋場所での出来事だった。

親方になった私が大鵬部屋を継承して大嶽《おおたけ》部屋となったのが2004年の1月で、その年の初場所で十両に昇進したのがロシア出身の力士、露鵬で

2006年名古屋場所7日目の取組後、にらみ合う露鵬（左）と千代大海。露鵬はこの後、カメラマンを殴った（写真提供：時事通信）

あった。

2006年名古屋場所7日目、露鵬―千代大海の取組があった。勝負の後、土俵下で露鵬と千代大海が口論になりカメラマンが負傷した事件だ。昔からの相撲ファンは覚えている方も多いだろう。

両者の取組は、露鵬が土俵から出ていたところを千代大海がダメを押した形だった。それで揉めていたのか明確には私も分からないが、露鵬は頭に血が上ると訳が分からなくなるタイプだ。

取組が終わって支度部屋に行

くと、露鵬が「てめえ、この野郎」と千代大海に殴りかかろうとした。千代大海も「警察呼べ！　警察！」と大騒ぎ。みんなで止めたのだが、その時にちょうど毎日新聞のカメラマンがおり、騒動を撮ろうとしていたところを露鵬が手で払ってふっとんだ。そのときカメラのファインダーで目の上を切ってしまったことで大問題に発展したのである。

露鵬は協会の理事長室に呼ばれ、私も親方として出向いた。ここで親方の私が露鵬を叱っておかないと露鵬の立場が悪くなると思ったので、「お前そんなことをしたのか」と殴ったところ、ヒートアップしてしまい露鵬と理事長室で殴り合いの喧嘩になった。私が3発ほど殴ったところでみんなが制止したのだが、今度は逆に露鵬が「親方はいつも……」とタックルをしてきたのである。そこからまた殴り合いに発展。

「もう止めておけ！」という北《きた》の湖《うみ》理事長の一言で場は収まり、露鵬は3日間の出場停止処分で済んだ。

露鵬はロシア出身で、その土地ごとの国民性がある。しかし、土俵の上で、また土俵を下りてからどのような振る舞いがふさわしいのかは大相撲にいる以上身に着けなければならないことだ。弟子を入れる時に教育も含めて全部面倒を見ていかないと後々大変な問題になってしまう。改めてそう実感した事件だった。

その後、毎日新聞のカメラマンの実家に謝罪に訪れ、カメラマンのお母さんに土下座して謝った。お母さんは「あんたね、ウチの大事な大黒柱が怪我して仕事できなかったらどうすんの?」と激怒。お叱りもごもっとも、重ねて「すみません」と謝り、事を済ませてもらった。

しかし、その前に腹立たしいことがあった。

当時まだ部屋持ちの親方になっていなかった安芸乃島さんが私の所に来て胸倉を掴み、「お前の教育が悪いんだよ! 分かってんのか」と怒鳴りつけてきたのである。私の教育が悪かったのは事実であり、反論するつもりもない。

しかし、次の日には巡業部で安芸乃島さんが「貴闘力のやつシメてやったよ」と意気揚々とみんなに言いふらしているのだ。私は親方衆からそのことを聞いた。真摯に注意をされるのならまだしも、まるで見せしめのように怒鳴りつけられたことには納得がいかない。

安芸乃島さんはその後9代高田川《たかだがわ》親方を襲名し、親方として弟子の指導をしている。2021年に新型コロナウイルス感染対策のガイドライン違反と女性問題の件で世間を騒がせた竜電《りゅうでん》は安芸乃島さんの部屋の所属力士だ。同じように「お前の教育が悪いんだよ！」と言ってやりたい気分だ。

仮に安芸乃島さんが竜電の件で理事長室に呼ばれても、八角や尾車に叱責されることはないだろう。なぜならそこに揃う面子はすべて反貴乃花一派だからである。最終的な処分は、竜電は3場所出場停止、安芸乃島は6ヵ月間20%の報酬減額処分となった。

昔から安芸乃島に関してはこういうことが多々あった。私の弟子も同席していた焼肉屋で「お前の態度が悪い」と怒られたことがあり、怒られるのはいいが「自分の弟子がいる前ではやめてくれ」と頼んだ。「安芸乃島も親方になったら分かるから」と言ったが、茶碗を投げて来たり、ひどいときには殴ったりすることもあった。暴力はなんであれ良くないが、自分の力を見せたいだけのような振る舞いには辟易とする。

露鵬と千代大海の場外乱闘のことも含めて、こういったことも相撲界で変えていかなければならない点である。

第七番　全財産を持ち歩く　高見盛

角界でひときわ人気を集めていた元小結・高見盛《たかみさかり》。現役時代からテレビやCMに出演することも多かった。愛嬌のある性格もその一因なのだろう。

私も高見盛とのエピソードがいくつかある。

高見盛は、どんな時も巾着袋を肌身離さずに持っていた。中には通帳やハンコなど全財産が入っていて、その理由というのが「お母さんが大事なものは一緒にしておきなさいって言ったから」と、母親の教えを遵守しているそうだ。

高見盛は、長年曙の付き人をやっていた。実に素直な性格で、「かち上げて右を差す練習をやれ」と言われたら、それだけを朝から晩までずっとやっているような人間である。

しかし、マイペースなところもある。琴光喜と私と3人で高級寿司店に行くことがあり、一人前5000円と書いてあった。これはあくまで相場で、一般的な特上寿司一人前が5000円というわけだ。相撲取り3人で食べて一人5000円で済むはずがなく、30〜40貫ほど食べただろうか。そのとき、高見盛は「今日は割り勘にしましょう」と5000円をポンと置いて帰って行ったのである。「一人前」を1人分と勘違いしているのだ。内心いい加減にしてくれよと思ったエピソードだ。なお、そのときの会計は8万円ほどだったと記憶している。

他にも、意外にもタイガーマスクの大ファンでたまに話をするとき全然会話がかみ合わなかったのだが、長州さんと高見盛が一緒にいた時に両方ともが違う方を見て自分の世界に入り話しているのを見た時にはツッコミを入れずにはいられなかった。

違う向きのエピソードもある。

高見盛は青森県の板柳町出身で、同郷の先輩には青森県議会議員をしていた元力士・追風海《はやてうみ》がいる。

追風海とは私も仲良くしているので、県議会議員の選挙の時に「なんで選挙応援に高見盛来ないの？」と聞くと「あいつはいいっすよ」と浮かない返事だった。地元なのに人気がないのだろうかと思ったのだが、実際は人付き合いが苦手な人間だったのであろう。

思えば、取組前のウォーミングアップも基本的に付き人を使うのだが、高見盛は独りでやっていた。独りで自分の世界に入るタイプなのである。

だから、と断言していいかは分からないが、親方には向いていなかったのだと思う。2021年春場所を最後に、高見盛が親方を務める東関《あずまぜき》部屋が消滅した。

東関部屋を継いでいた高見盛の兄弟子・潮丸《うしおまる》が2019年12月に亡くなっ

たことで、後継者探しのために1年間の暫定措置として高見盛が東関親方となった。しかし、そもそも高見盛は初めから「やれません」と言っていた。無理だと断っていたのに、一門の名門である東関部屋を消滅させるわけにはいかないという相撲協会の事情で親方になったことに問題がある。高見盛の師匠である東関親方（元関脇・高見山《たかみやま》）も高見盛では無理だと言っていた。

亡くなった潮丸親方よりも高見盛の方が人気も実力も数段上だったが、親方をやるとなるとお金を持っているだけではいけない。弟子がいないと成立しないし、後援会の人間との付き合いが上手くできないと無理だ。

部屋を持つと、弟子をまとめ上げ、後援会を作って収益を上げる。この2つが親方に求められる能力だ。そうでなければ、今のご時世に相撲の親方にはなれない。集客力、知名度だけではだめで、人間をまとめ、一番重要な弟子たちの相撲の稽古指導がある。

これらを全てこなすことは高見盛にはできなかったのである。

第八番　大鵬が勧めたトレーニング方法

私もまさか、自分が大鵬さんの娘と結婚するなんて夢にも思っていなかった。

私の相撲は15歳の時の大阪場所からスタートするのだが、部屋の近所におっちゃんが経営するお好み焼き屋があった。そのおっちゃんの体つきが凄かったので「おっちゃん！　大きい体してんな。相撲やってたん？」と聞いたら「やってたよ」と返ってきた。まだちょんまげも結えない新弟子が偉そうな態度で先輩力士にため口で話しかけていたのだから、今思えば恐ろしい。

さらにそのおっちゃんから話を聞くと、幕内までいったというではないか。まさか、その辺のお好み焼き屋のおっちゃんが幕内力士だったとは誰も思わない。後にそのおっちゃんが最高位東前頭4枚目の玉嵐《たまあらし》さんというお相撲さんであることを知った。

名前に玉の字がつくということは片男波《かたおなみ》部屋だ。片男波部屋の親方はまだその当時部屋を興していなかったので、二所ノ関《にしょのせき》預かりだったようだ。

玉嵐さんは大鵬親方と同期生で一緒に稽古をしていた関係であり、大鵬親方のことを「やっこさん」と呼んでいた。私は玉嵐さんの知る「やっこさん」のこと、また他にも相撲の話を、1年に1回大阪場所のたびにお好み焼き屋に通って聞かせてもらった。

大鵬さんが「白鵬はやりすぎ」と言っていたが、最初に大鵬さんに白鵬を紹介したのは実は私である。「白鵬というこれから上にあがりそうな子がいるから、親父紹介しますわ」と三段目の時に顔合わせの場を設けたのだ。「鵬の字を使ってますけど楽に大関、横綱行きますよ」とプッシュしたのだ。

私は玉嵐さんに「大鵬親方は四股1000回踏んでたんですか？」と聞いたことがある。なんと大鵬親方は毎日ノルマとして四股500回、鉄砲2000回をこなしていたという。驚愕の練習量だ。人間の体では四股1000回とか鉄砲3000回とかそんな回数は物理的にできない。一般の人であれば一発鉄砲を叩いただけで肘が壊れる。さらに鉄砲を叩きすぎると内臓に来るので血尿が出てしまう。

なお、相撲で一番大事なのはぶつかり稽古だ。ぶつかり稽古と鉄砲は力士の稽古の中でも格段にしんどいメニューであり、これらを全力でやることは正直苦痛でしかない。ゆえに精神力も鍛えられる稽古なのだ。

私は現役時代からダンベルなどいろんな器具を使ってトレーニングしてきたが、50歳を過ぎてから、最終的に何も使わないトレーニングが相撲には有効であるという考えに行きついた。大鵬親方にも、まず器具を持ってはならず、四股と鉄砲を勧められた。シンプルなトレーニングを極めるべしということだ。

第九番　大鵬親方の歴史

大鵬親方の部屋には、多い時で弟子が100人いた。マネージャーも10人ほど雇って給料を払っており、羽振りの良さがうかがえる。

昔の巡業は各一門でやっていたので、そこにいい力士がいると人気が集まる。巡業を回って得たお金は親方が取ることができたため、5000人ほどが入る会場がいっぱいになるときはかなりのお金が入ったそうだ。

「巨人、大鵬、卵焼き」と呼ばれるほど大鵬さんの人気が上がってきた頃には、二所ノ関親方は「これは俺の時代が来た」と思ったと言う。しかし、そこから部屋で集まっての今の巡業のスタイルになったのでたいそうガッカリしたそうだ。

大鵬親方はその実力もさることながら、若い頃はとりわけスタイルも顔も整っており、人気の要因のひとつだったことは間違いない。正直、男前は羨ましい。

　1940年生まれの大鵬親方は16歳で相撲の世界に入るのだが、父親はウクライナ人で、出生名はイヴァーン・ボリシコといった。5歳のときに終戦を迎え、それまではサハリンの敷香《しすか》にいた。父親はロシアに残し、母親が子どもを連れて日本に引き揚げたという。

大関時代の大鵬（1961 年夏場所）

　日本に帰る船が4隻出たが、そのうち3隻が沈んだ。たまたま1隻だけ残った船に親方は乗っていた。また、北海道に着いてから岩内《いわない》という場所へ移るとき、みんなが船は嫌だと言ったので船に乗らずに電車に乗った。すると乗るはずの船が沈んだという。

運の強さを感じずにはいられないエピソードなのだが、引き揚げ船にはもう一人面白い人物が乗っていた。それが元プロ野球選手・松坂大輔のおじいちゃんだ。ロシアにいた頃、松坂のおじいちゃんが手りゅう弾を一番遠くまで投げられたという伝説もあるそうだ。その船が沈んでいたら、横綱・大鵬も平成の怪物・松坂も誕生しなかったのである。

今であれば外国人とのハーフの人は男前で羨ましいと思える。しかし、大鵬親方がサハリンから命からがら逃げて来た時代、鼻が高くて外国人のような顔をしている親方は周りからいじめられたという。

母親と北海道を転々として、最後に行き着いたのが北海道の弟子屈町《てしかがちょう》だった。中学校を卒業してからは北海道の営林署で働き、そこで朝から晩まで毎日鎌で草を刈っていたことで肩が強くなったのだろう。昔の人はこのように、日々の肉体労働で体が自然と強くなっていった。

玉嵐さんは、「やっこさん（大鵬親方）は本当に強かった」と語る。玉嵐さんは25歳で引退するのだが、大鵬は八百長していないと言っていた。八百長をやっていた人、やっていなかった人、強かった人、尊敬できる人、軽蔑した人、いろいろな話を玉嵐さんから聞いたものだ。

大鵬親方のライバルに玉の海という力士がいた。ともに人気を博し、相撲界は大鵬派と玉の海派の2大勢力となる。玉の海から見た大鵬は6年も先輩で、部屋に入った時に既に大横綱だった。はっきりした派閥があるわけではないが、若いのが急に上がってきたらいがみ合いのような雰囲気にはなる。

私の師匠である初代・貴ノ花は大鵬親方や玉の海さんの数年下の世代にあたるが、玉の海さんをものすごく尊敬していた玉の海派だった。千秋楽が終わって飲みに行った帰りがけに、当時すでに横綱だった玉の海さんが走っているのを目撃し、「俺は何をやってんだろう」と思ったという話を師匠から聞いたことがある。

私は玉の海さんが相撲を取るところを生で見ることは叶わなかった。玉の海さんのスゴイところは、盲腸で亡くなるまで一度も休場していないことだ。最近は横綱でも怪我などを理由に休場することが増えたが、玉の海さんは一回も休まずに亡くなった。それゆえにあのような最期になったのは悔やまれるが、あの相撲に対する真摯な姿勢と強靭な体は関取として理想的だと思う。

第十番　力士は酒豪なのか

関取には酒豪が多い。

私の付き人に貴ノ浪《たかのなみ》という豪快な力士がいた。貴ノ浪はとにかく大酒飲みだった。

その飲みっぷりたるや、千秋楽が終わってハメを外しているときはヘネシーを9本飲んだり、焼酎が60本、JINROが100本空いたこともある。

本人が九州場所で初優勝したときにはスナックを貸し切ったのだが、一晩で450万円かかった。私も優勝したお祝いだし、スナックだからそんなにかからないだろうと思っていたので半分出すと言っていた。しかし、450万の請求書を前に「50万円で許して」と逃げて帰ることになるとは思わなかった。

貴ノ浪が一番飲んだ時は私の師匠が亡くなった年明けの正月で、1日、2日と家でじっくり酒を飲むことがあったのだが、その時に1人で飲んだ量が2斗樽、つまり36リットル。これをたった2日で飲んだ。

しかし、それから1週間後に心臓が止まってしまう。このときは復活したのだが、90日間くらいICUに入っていた。以降酒は控えるようになった。結局、大酒飲みがたたったか43歳で亡くなってしまった。

そんな酒豪貴ノ浪より酒を飲む力士が私の知る限り2人いる。1人は水戸《みと》泉《いずみ》さんだ。北海道のビール園で大ジョッキを30杯以上飲んだという伝説がある。そしてそれよりもさらに凄いのが大鵬親方。1合徳利を85本以上飲んだという。本人が記憶しているのが85本と言っていたので実際にはそれ以上に飲んでいる。

やはりお酒を飲む人は体を壊す。力士には飲む人と飲まない人がいるが、傾向として普段静かな人で酒を飲む人は暴れる人が多い。

第十一番　ゲイの力士

30数年前のこと、私が関取になってから付き人が3人ついた。その内の1人は相撲部屋に入ったばかりの子だった。

その子は夜な夜な本を隠すように持ってトイレに行く奇怪な行動を取っていた。当時、藤島部屋の1階のトイレは、上に隙間がなく覗けない完全個室。私は、これはエロ本だと確信し、見つけていじってやろうと考えていた。

しかし「開けてみろ」と言っても頑なに開けない。付き人であれば関取の命令は絶対のはずが断固拒否するのである。最初はちょっとからかうくらいのつもりだったが、そうなるとこちらも余計に意地になる。結果、30分ほど押し問答をして無理やり開けてしまった。

するとと中にいた子は人生が終わったような顔をしている。手に持っている本をパッと見たら『ＳＡＭＳＯＮ』というデブ専、フケ専のゲイ雑誌だった。雑誌の中には力士の盗撮写真なんかも掲載されていた。

「男が好きなのか？」と聞いても下を向いて何も言わない。それでも「いつ頃から男に興味を持ちだした？」「お相撲さんで誰が一番好き？」など根掘り葉掘り1時間ほど聞いていくうちに、ニコニコ答えてくれるようになった。

しまいには「藤島部屋の中でキライなやつ3番目から言ってみろ」と聞いたところ、私は2位にランクイン。「何で俺が2位なんだ？」という質問には、「根掘り葉掘り聞くから」と至極真っ当な回答が返ってきた。

ちなみにランキング1位は安芸乃島で、その理由が「もっと根掘り葉掘り聞くから」だった。私が1時間聞くところを安芸乃島は2時間聞いたという。反対に一番好きなのは、１９０センチ２２５キロの巨漢・豊ノ海さんだった。

思い返すと用事を頼まれたり叩かれたりしてもニコニコしていることの多い子だった。私はなぜだろうと思っていたが、彼からしたら相撲は天職だったのであろう。

相撲協会の中で一番好きなのは大乃国《おおのくに》だとも教えてもらった。その話を聞いたあとで花相撲という本場所と本場所の間に行う巡業があり、大乃国さんがいたときに、せっかくだから大乃国さんの隣で写真を撮ってもらおうと取り計らった。私が「大乃国さんの隣に座れ」というとニコッとして座る。大乃国さんは「気持ち悪いな、あっち行け」と言いながらも写真を撮ってくれた。

しかし、当時の私はそうした性的指向についてまったく分かっていなかった。彼の人間性について疑う余地はなかったが、部屋の若い衆が掘られては困る。そう思って、私は彼に「新宿2丁目でそういった職業に就いたほうがいいんじゃない？」と提案してしまったのだ。

今考えると、その子は人に危害を加える子ではないから、本人の意思次第では在籍させても何の問題もない。私が無知だったばかりに、彼を辞めさせてしまったことに後悔の念を抱いている。あの子が幸せになってくれていればいいと心から願っている。

しかし、中には他の若い衆に危害を加える者もいる。昔、高見盛の部屋にいた力士で、3人掘ってスカして逃げた奴がいたという（スカす…部屋から脱走すること）。そうやってクビになった人間がいることも事実としてある。

第十二番　優勝したときの豪快すぎるご祝儀

関西の視聴率男と呼ばれたやしきたかじんさんと私は昔から友達だった。

「力ちゃん、お前がもし優勝したらキッツイ祝儀をやるからな」

「そんなん期待してないからええわ」

そんなやりとりをする間柄だった。そして、本当に優勝した日曜日の夜に、たかじんさんから「月曜日空いてるか？」と電話がかかってきた。

翌月曜日の夜、約束した新地のホテルにたかじんさんの友人も集まってくれて、新地で20軒以上回ることになった。そのとき本当にたかじんさんから祝儀をもらったのだが、中には３００万円入っていた。しかも隣のオッサン２人も１００万円ずつくれたので、その時点で５００万円だ。

地元の大阪場所で優勝したこともあり、店のママが「おめでとう」と言うと一緒にいるオッサンたちが5〜10万円をずっと投げてくれる。それらを全て着物の袖や腹の中に入れていた。

普段、私は酒はあまり飲まないが、この時は酒が回ってそのまま寝てしまい、起きてから若い衆にお金を数えさせると着物の中に合計で1000万円入っていた。

私が現役だった当時は小バブルだったので、大規模な飲み会も多かった。優勝したとなれば上場企業の社長など50人ほど集めて、向島の芸者をあげたりして祝勝会。その費用は私が払ったのだが、1日の飲み代でなんと600万円かかった。

それでも、みんなからいただいたお金は4000万円近くになっており、飲み代を払っても3400万円も残る。そこに優勝賞金や副賞なども入ってきて、私の手元にあるお金はすべて含めると1億円近い額になった。

これだけあればなんでもできそうだが、この1億は1カ月半ですべてなくなってしまった。競馬場に毎日300万円持っていき、30日通って1回も当たらなければ0円になる。貯めていればよかった。

第十三番

貴闘力の開業秘話
——中国の和牛密輸ビジネス

10年前に相撲協会をクビになった時、私は一銭も持っていなかった。大鵬さんに「離婚だ！　金だけは毎月40万円払え！」と言われたが、退職金ももらえなかった私は路頭に迷った。

しかしなんとかして金を稼がなければならない。そこで店をやろうと思った。最初はちゃんこ屋をやるか焼肉屋をやるか迷ったが、たまたま焼肉屋をやっている友達がおり、彼がノウハウを教えてくれた。こうして焼肉店オーナーとして、人生の第二章が幕開けとなる。

最初に手掛けたのは、東京・住吉にオープンした25人も入れば満席になる小さな焼肉店だった（現「焼肉貴闘力　住吉店」）。日本人は判官贔屓の人が多いようで、「かわいそうだから行ってやろう」と多くの人に来店してもらい、1ヵ月で800万の売り上げを出した。

その売り上げ金と知り合いの社長に借りたお金を元手にして、2号店となる「焼肉ドラゴ　横綱通り店」を出店する。さらにあまり間をあけず3号店「焼肉　貴闘力」を海浜幕張にオープンした。

この3店舗をコツコツ続けていれば、立派な蔵が建っただろう。しかし、人間は欲張ってしまうもので、私は「これなら相撲協会の売り上げ100億円くらいは抜けるんじゃないか」と思い、どんどん店舗を展開していった。

けれど、行き当たりばったりの店はいくらお客さんが入っても利益が出なければだめだ。銀行も売り上げがあるから金を貸してくれるが、焼肉店1店舗出すのに最低2000万円はかかる。焼肉のダクト（排気口）を全部つけるだけでも500万円、そこに冷蔵庫、厨房の機器、下水上水の完備など内装も含めて合計2000万円。何もない状態からだと5000万は必要になる。経費のかかる新規展開を続けてしまったのだ。

店が10店舗くらいに増えて完全に調子に乗っていたとき、「上海でやれへんか？」という誘いに、二つ返事で飛びついた。

上海で有名なグルメ街・呉江路《ウージャンルー》に出店することになったのだが、まず家賃が月に200万円かかる。一方で当時は中国の人件費が日本の15％と非常に安く、1カ月2万円も出せばアルバイトの子を雇えたので、200万円の家賃でも採算が取れた。

しかし、中国で飲食店をやるときに厄介なのが保健所だ。中国の事情を知る人によると、「店に保健所が点検に来たら袖の下でいくらか渡さないとダメですよ」ということなので、ある程度は覚悟して待っていたのだが、なんと12人も来るのである。1人3万円で考えていたので、ただ点検するだけの作業に36万円も渡さなければならなくなった。

上海で焼肉店をやることになって現地の焼肉店を見ていると、どうも日本の和牛がポンポン出てくるではないか。日本から和牛を持って来ることは禁じられているはずなのに、上海の古北《グーベイ》というエリアの焼肉店には日本の和牛がたくさん仕入れられていた。

どうやら、肉をスーツケースに２００キロぐらい入れて、飛行機でスーッと持ってくるそうだ。和牛の密輸である。そのうち、香港経由で和牛を持ってきた人が捕まったと風の噂で聞いた。罪に問われ、懲役は10年以上。肉の密輸に10年をかけるなんて割に合わないということだろう、それ以降グーベイの焼肉店がバタバタとつぶれていった。

それにこちらが儲かっていると分かると、大家が「来月から家賃プラス50万円な」「来月から倍な」などと言い出すし、現地の人間ではなく外国人の私が経営をしていると高い税金がかかってくる。結局、店はだめになってしまった。

相撲部屋と焼肉店の経営のどちらが難しいかと聞かれることがある。相撲部屋の運営は金持ちのおっさんをたぶらかす力があればいい。いい弟子を育てることが重要だが、そのためには金がいる。いかにいいタニマチを見付けて金を集めるかが肝だ。焼肉店の経営はお客さん商売なので、サービスの質を考えたり、きちんと利益が出る仕組みを作ったりと、まったく別のやり方が必要になる。

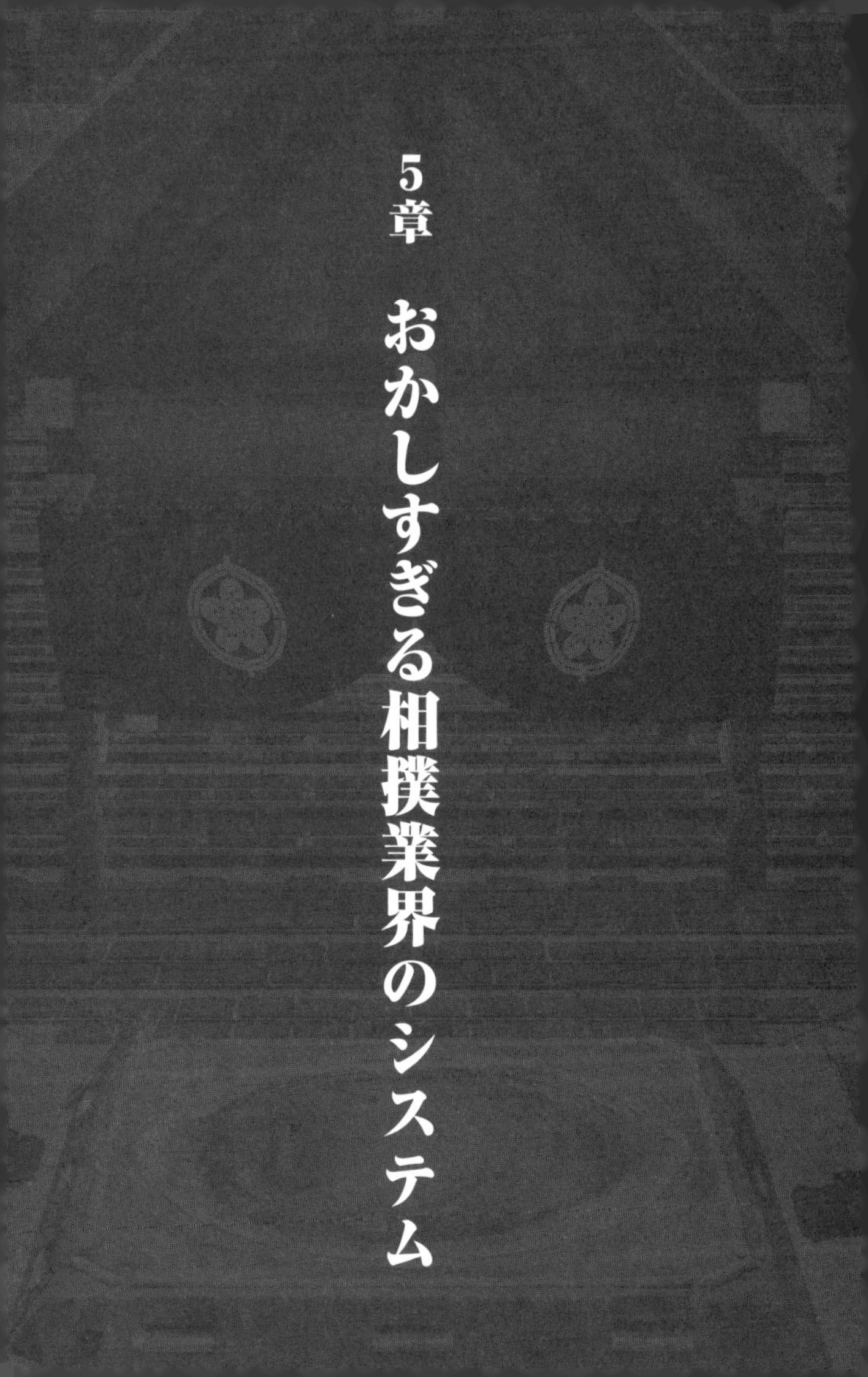

5章 おかしすぎる相撲業界のシステム

第一番　親方になるために必要な年寄株

親方になるために必要なことは何か。実績や、部屋の規模、指導力などが挙がるかもしれない。それも間違いではないがもっと大事なものがある。必要なもの、それは年寄名跡《としよりめいせき》（年寄株）だ。

力士が引退後、親方になるための資格ともいえる年寄株が必要となる。年寄株は江戸時代に起源があり、最初は15程度だったものが大相撲興行の規模拡大に伴って次第に増え、今では全部で１０５ある。

ほとんどが江戸時代から襲名されながら引き継がれており、私が親方時代に使っていた「大嶽」という名跡も、初代は１７２２年まで勧進元（相撲の興行主）を務めた大竹市左衛門が最初だと言われている。

では、その年寄株はどうしたら手に入るのか。

それは、金である。

本来、年寄株の売買は禁止されている。しかし、年寄株は新規に作ることができないので105ある中から1つを掴み取らなければならない。師匠から弟子へ譲るのが一番シンプルではあるが、現実はそうはいかない。

定年退職にもとづき宙に浮いた名跡をなんとか手に入れたい、すると当人同士で「そういったやり取り」が生じることが慣例となっている。年寄株を買わないと親方になれないのが今の相撲界のルールだ。

つまり、いくらやる気のある親方候補がいても、お金がなければ親方になれない。本来はお金のあるなしに関係なく努力する人間が親方になってもらいたいものだ。

ちなみに、親方にも部屋付きと部屋持ちの違いがある。「部屋持ち」とは、自らが師匠として部屋を運営する親方のこと。「部屋付き」とは、どこかの部屋に所属して力士の指導にあたる親方のことである。

現在、新しく相撲部屋を興すには幕内通算60場所以上の経験が必要とされている。親方になれば協会から補助金が入り、後援会からは食べ物などの支援がもらえる。そこへさらに弟子が強くなれば、佐渡ヶ嶽部屋のように弟子がもらったお金を抜くやつもいる。

親方は夢はあるが、才覚がないと運営していけない厳しい世界でもある。

第二番
力士が親方になるために八百長する理由

相撲協会の定年は65歳だが、人生100年時代の今、定年後も年寄株を持ったまま70歳までは参与として再雇用できる仕組みがある。

しかし、定年退職の時点で株を返し、力士の名前ではなく本名で協会の仕事に携わればいいのではないだろうか。ただでさえ数が限られている年寄株なのだから、親方になりたいと熱意を持つ若い人に譲るべきである。

それを自分の言うことを聞くだとか、お金を持っているだとか、タニマチをおっつけるだとか、そんな人間に渡すことが相撲界の隆盛にとっていいことなのだろうか。

力士は競技人生が短いうえ、年寄株がなければ相撲協会には残れない。相撲協会に残れないということは、部屋に付いて後進の指導に当たることもできないということだ。例外として、横綱は5年、大関は3年の間だけ現役名の四股名で年寄を名乗ることができる。

そこで問題なのが、今の力士は横綱大関になるよりも「いかに親方株を取得するか」ということに重点を置いていることだ。私自身、大変悲しく感じた出来事がある。ある力士が関脇の時に佐渡ヶ嶽部屋へ稽古に行くことがあった。その力士は私に向かってこんなことを口にしたのだ。

「親方はいいっすよね。株ちゃんと持てたから。ぼくは年寄株を取得するのが目標なんです」

私はその言葉を聞き愕然とした。

なぜ、現役の力士が親方株のことなど気にしているのか。土俵に上がって、目の前の取組に死ぬ気で挑むのが力士のあるべき姿ではないのか。その場では「大関に上がることが大事だ。年寄株なんて後からついてくるから」と励ましたが、結局のところそういう時代ではなくなっているという事実もある。

たしかに、関取になれば親方から「お前、株どうするんだ？」と聞かれることが一般的だ。親方にもよるが、部屋ごとに2、3個持っていることが多い。

しかし、私がかつて所属した旧藤島部屋のようにたくさん弟子がいると、自分には株が回ってこないこともある。つまり、どこかの部屋から高値でも引っ張ってこなければならない。そこで本当に欲深い親方がいると、自分が数千万円で購入した株をそれ以上に高く売りつけることもある。

聞いた話では、二子山は約3億円で年寄株を購入したそうだ。親方も金銭感覚が麻痺しているのでどんぶり勘定で購入してしまうのだ。私は現在、焼肉屋を経営しているが、一般的な経営感覚を持っていれば、相場と比較してもう少し安くできないかと値切ったりするものだが、そういうことが言えない人だった。うちの親方はいいカモだっただろう。

もっと悪いのが、これが八百長に繋がるのである。私の親方の例は極端だが、仮に3億円が必要だとして、タニマチもいないから支援が見込めない、だが金は必要となると残された手段は一つ、八百長に走ることだ。わざと負けて金銭を受領する場合もあれば、怪我をせずいかに長く相撲を取るかという方向にシフトすることもあるわけだ。

読者の方々は、土俵入り前の支度部屋で力士がすごく集中して準備をしていると思われているだろうが、実態は相撲の後にタニマチと食事に行く手配に追われている連中が多い。とくに地方場所だと、横になってスマホをいじり取組後の予定を立てている姿が目につく。相撲の取組のことや身の回りのことは若い衆が世話をしてくれるので考えなくていい。本人は相撲のことよりも「今日はタニマチに会うから」「明日誰だっけ？」という、本来力士が考えなくていいようなことばかり考えている現状がある。

これもひとえに、引退後の道が不確かだという不安からくるものだ。現役力士にそう思わせているシステムが問題なのだ。

第三番　高騰する年寄株と年寄の定年問題

今、年寄株の値段が上がってきている。みんな年寄株が欲しいが空席が少なく、高値で売買している状況にある。まんまと親方連中の術中にハマっているわけだ。

相撲しかやったことがない人間は、相撲界で65歳の定年を迎えるのが一番幸せなことだ。定年まで相撲協会に所属するために最重要な生命線が親方になることなのだが、親方の定員は105名と決まっている（一代年寄を除く）。

一時は野球賭博の問題で、3億円以上した株が1億円で買える時代もあった。野球賭博以外にも、2010年代には後継者不足や公益財団法人化の新ルールに伴い株価が急落した。

それでも高額なことに変わりはなく、若い者はみな納得していない。年寄株を買うのになぜそんなに金が必要なのか。私から言わせれば、一生懸命やっている若い衆は相撲協会の宝だ。彼らに相応の地位と報酬が与えられるべきだ。

だが、なぜかコツコツやるタイプの力士には口下手が多い。一方、調子がよく頭が回る力士はしゃべりも達者で後援会に向けてもきちんとする傾向にある。一般の人には裏の努力というものはなかなか伝わらないものだが、銀座で毎日飲み歩きながら素質だけで横綱や大関になったような力士と、弱くても毎日一生懸命練習しているが報われない力士がいたら、感情としてどちらを応援したくなるだろうか。

適材適所という言葉もあろうが、どちらのタイプでも等しく評価されてほしいと思っている。

また、年寄の定年については緩和されて70歳まで再雇用できるようになり、それに伴う弊害も出てきた。

いろいろな問題があるが、1つには相撲協会の会計事情がある。2022年度は17億円から20億円赤字の見込みとなっており、現金は目減りしている。職員へ退職金を払ったりという出費は必要経費であり、蓄えていたお金がなくなっていけば衰退していく一方だ。にもかかわらず、大して働かない親方が70歳まで協会に残ればそれだけで赤字になる。

役職を持たない平年寄でも年収は約1300万円、トップである理事は約2000万円だ。70手前のあまり働けない親方に給料を払うのと、30過ぎの働き盛りの親方に給料を払うのとでは、どちらに価値があるかは言うまでもない。なぜそれを協会のトップが見て見ぬふりをするのか？

理事ともなれば、協会のために、相撲界を良くするためにと理想を掲げて務めるはずだが、単に年功序列に乗っかって「65歳になれば退職金がたくさんもらえるから」という私利私欲で理事になる人間が多いのだ。そのために年寄株を持ち続けなければならない。

そのような65歳の親方は、下の者に対して「お前分かってるんだろうな。俺の言うこと聞けよ」と押さえつけて5年間任期を延ばすわけだ。

権力者だけが得をするシステムは崩壊させるべきだ。協会のお金が目減りしているのに、両国国技館のすぐそばにビルを買って報知新聞に安く貸している。報知新聞社は2022年6月、協会が所有するそのビルに東京本社を移転した。相撲協会とマスコミがここまでべったりでいいのか、そもそもビルを購入することが相撲の興行と関係があるのか。相撲協会の在り方には疑問しかない。

もうひとつ私が思う所があるのは、長く相撲協会に居座る親方に対して若い親方衆が動かないことだ。自分も同じ年代になったら同じことをやろうと思っているのかもしれないが、その前に観客や興行収入が減り、退職金がもらえなくなる可能性はゼロではないはずだ。上の人間だけがおいしい汁をすすり、自分たち下の世代は何ももらえなくなったら……。

年寄株問題に関して、例えば、相撲協会で年寄株を全部預かり、独立した外部の組織やファンなどが決めるようにしてはどうだろうか。現役力士からすれば、すでに相撲協会を離れた私が何を言うのか、関係ないだろうと思われるかもしれない。しかし、一人の相撲ファンとして相撲には末代まで隆盛してもらいたいと思っているのだ。

第四番　親方株の売買の実際

相撲協会は年寄株の高額取引を認めていない。認めないとしながらも、過去の判例では東京地裁で「立浪《たつなみ》」の名跡に1億7500万の財産価値が認められている（2003年）。

例えば3億で親方株を売ったとする。しかし税金等の問題で「申告は5000万にしてくれ」と言われれば泣きを見るのは買った人物だ。次に自分が3億で売れば2億5000万円に税金がかかり損する。そういうやり取りを親方衆は強制させている。年寄株の根深い問題だ。

さらに、人から人へ渡り歩くことで複雑なお金の流れになる。貸し株でさらに利益を取るなど複雑に。相撲協会は株の売買を見て見ぬふりするどころ

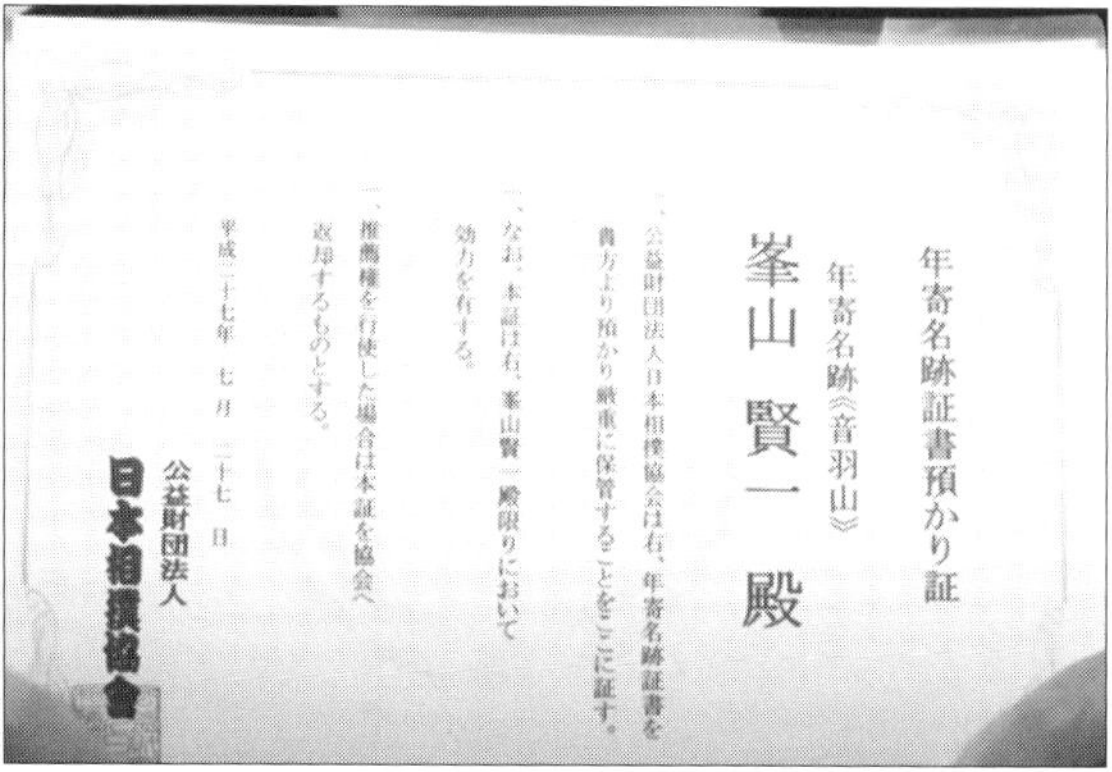

年寄名跡証書預かり証

年寄名跡《音羽山》

峯山 賢一 殿

一、公益財団法人日本相撲協会は右、年寄名跡証書を貴方より預かり厳重に保管することをここに証す。

一、なお、本証は右、峯山賢一殿限りにおいて効力を有する。

一、推薦権を行使した場合は本証を協会へ返却するものとする。

平成二十七年 七月 二十七日

公益財団法人
日本相撲協會

「光法」の年寄名跡預かり証（YouTube「貴闘力部屋」チャンネルより）

か、定年を70歳まで引き上げてわざと悪循環にしているように思える。

江戸時代は年寄株を渡す代わりに、親方の後の面倒を見てくれというやり取りがなされていたそうだ。今は引退した親方の面倒まで見ることができないため、お金を支払うことでまかなうというわけである。

ここに年寄株が高額で取引されている証拠がある。２０２１年に亡くなった光法《こうぼう》の年寄名跡預かり証だ。亡くなった後、彼に５００万のお金を貸している人から預かったものだ。つまり、光法が親方株を買ったが払いきれないため、代わりの人物に立て替えてもらったという形になっているのだ。

その人間が私のところに来て「なんとか金にならないか」と言ったが、協会は体裁として株を現金にしてはいけないことになっているため、どうにもできない。協会への年寄株に関する報告は、原則として事後に「○○が××の株を有した」と報告するのみである。

ちなみに、過去に年寄株を協会預かりにしようとして総反発を食らったのが先代の佐田《さだ》の山《やま》さんだ。1996年に年寄名跡の協会帰属・売買禁止を打ち出したが、親方衆に猛反発されて理事長を辞任する事態となった。時代が早すぎたし、それを補填する収益が上がらないとできない施策だろう。

しかし、この先も考えると一番丸く収めるためには、協会が一律の価格で年寄株を買い取って、公平な審査によって力士に年寄株を渡せるシステムを作るべきである。協会が利益を得るために、管理料として決まった額を支払うのもいいだろう。

年寄株の数は20～30程度に絞って、部屋を持っている人だけが親方をやればよい。指導に当たる人物などは、協会員として能力に沿った給料をもらえばいいと考える。この名跡はこの一門にといった派閥ではなく、ファンがこの力士を親方にするしないを決定する権利を持つべきではないか。

もちろん賛否両論あるのは分かっているが、現状は親方になるために金とコネが必要なわけだ。心底相撲が好きな力士が親方になるべきである。お金が好きな者はそれが活きる部署に配置換えしていかないといけない。

年寄株を協会が管理することができれば、八百長をなくすことにも繋がると思う。こういうシステムを本気で構築していかないと、タニマチにゴマをすりお金を集めないと親方になれない現状は変わらない。1番100万円でわざとこけて、税金のかからない金を集めて親方株を買う、そのような相撲界のままでいいのだろうか。

余談にはなるが、私の「大嶽」の親方株の行方についても話しておく。

親方になるには年寄名跡預かり証の所持が必要になる。私も親方の時はちゃんとした証書で判子を押して持っていた。

預かり証は大鵬親方に預けていたため、私が辞める時に「この株はお前のものだけど、お前には必要ないだろ？　お金にしてもいいけど、息子のために使うのが一番良いだろ」と言われたため、「大嶽」の名跡は現在息子のために大嶽部屋の部屋預かりとなっている。

年寄株を売れなかったがために一文無しで協会を去ることになったが、もしこの株を金で売っていたら今の自分はないだろう。相撲界との繋がりが残っていたことで結果的に大鵬親方の死に目にも会えたし、親方から毎週「肉持ってこい」と連絡が来たり、女将さんも私の寿司屋に内緒で通ってくれた。

私は野球賭博でクビにはなったが親子関係までは解消されることはなかった。それは、相撲には一生懸命取り組んでいたことを汲んでもらえたのかもしれない。

第五番 白鵬が一代年寄になれなかった真実

一代年寄とは、功績のある横綱に対し、本人一代に限って四股名を年寄名跡として認める制度だ。つまり、最近で言えば歴代最多優勝の記録を作った横綱・白鵬が一代年寄になれば、「白鵬親方」として「白鵬部屋」を運営できるというものだ。

1957年にこの制度が復活してから（1941年に創設し翌年に一度廃止となった）、一代年寄を名乗った者は、優勝32度の大鵬、24度の北の湖、22度の貴乃花の計3人（31度優勝の千代の富士は九重部屋を継ぎたいと辞退）。襲名の目安は優勝20度以上と言われている。

そこへきて、白鵬は歴代優勝45回である。成績だけ見れば一代年寄になれること間違いないだろう。

ところが相撲協会は有識者会議にて、「一代年寄の存在意義が見いだせない」と制度そのものに対して突然提言書を出した。表面的に見れば、モンゴル出身の横綱に対する人種差別に取られるかもしれない。しかし、白鵬は日本国籍も取得しているし年寄株取得に出身地の問題は一切ない。ではなぜ一代年寄になれなかったのか？


前提として、横綱の場合は力士を引退しても5年間は白鵬の名前で相撲協会に残ることができる。しかし、白鵬は年寄株を所有していなかったため、その5年間で株を取得することができなければ相撲協会から去らなければならない。天下の大横綱がまさかの廃業というわけだ。

なぜ横綱まで上り詰めた人間がこんな事態に陥ったのかというと、個人的に白鵬への好き嫌いはないが、「白鵬はやりすぎた」ということに尽きる。今の親方全員が現役時代の彼の所業に激怒しているというわけだ。

2019年春場所千秋楽の優勝インタビューの際に三本締めの音頭を取る白鵬
（写真提供：時事通信）

相撲は組織の世界。現役当時はある程度見逃されていたが、引退後にツケが回ってきたというわけだ。人間的な良い悪いは別として、好き勝手にやりすぎた。

例を挙げると、2019年春場所千秋楽取組後の表彰式の最中に、白鵬は観客に三本締めの手拍子を求めた。これは私も擁護できない。

千秋楽後に行われる三本締めは、土俵にいる神を返すための「神送りの儀式」の意味を持つ。日本古来の相撲の儀式を分かっているのか。

白鵬は優勝回数的には一代年寄の

資格に十分該当しているが、横綱としての品格・力量を十分に兼ね備えているかと考えたときに、協会はクエスチョンを出したのである。しかし、どんな形で勝った相撲にせよ、優勝回数は相撲協会に永遠に残る。

白鵬の実力についても触れておきたい。

白鵬が強い力士であることは間違いない。しかし、朝青龍の引退後にライバルが現れず独走する舞台が出来上がってしまった。番付上位に来るのは同郷の日馬富士《はるまふじ》や鶴竜《かくりゅう》であったりと、余計に互助会でうまく星を回せる状況になってしまったのである。

そのため、ガチンコでやっている力士は44度の優勝に対して「八百長した力士が偉そうなこと言いやがって」と思っているし、私も実力が拮抗する力士が少なかったことは否めないと思う。大鵬さんや北の湖さん、千代の富士さん、貴乃花の時代は代わる代わる強い力士が現れぶつかっていった。それが、モンゴル勢が横綱として好き勝手していたら、協会の人間としては面白くないだろう。

この一件に関しては有識者会議などと言って女優さんや王さんまで引っ張り出してきているが、いずれも相撲に関しては門外漢の人物である。

白鵬に対して儀式の重み、横綱としての品格を教えるべきは親方だった。白鵬の勝手を許してしまった親方勢（当時現役だった自分も含めて）が悪かったと思っている。そして協会もその指導を怠るべきではなかった。


白鵬の年寄株については最近のことなのでご存じの方も多いだろうが、2021年9月に「間垣《まがき》」を襲名、また2022年7月には「宮城野《みやぎの》」を襲名し、宮城野部屋を継承して部屋持ちの親方になった。

白鵬が「間垣」の株を取得したのは、初場所中の時津風《ときつかぜ》親方（当時、元前頭・時津海）のスキャンダルがあったからだ。元・時津海は初場所中の雀荘や風俗店への出入りが報じられ、退職に追い込まれた。名門・時津風部屋は、部屋付き親方だった間垣親方（当時、元前頭・土佐豊《とさゆたか》）が継承することになった。

元・土佐豊が名跡交換で「時津風」となり、それにあたって元・時津海との間で交換された株が「間垣」だ。宙に浮いた「間垣」の株は名跡は協会預かりとなるものの、空き株の権利は元・時津海にある。本来は時津風一門の株が伊勢ヶ濱《いせがはま》一門の白鵬に渡ることはないが、角界と完全に縁が切れる元・時津海は、一門外でも好条件で交渉できそうな白鵬に渡したというわけだ。

部屋持ちの親方となった白鵬だったが、宮城野部屋が2024年3月をもって当面の間閉鎖されることとなった。原因は、宮城野部屋に所属していた幕内・北青鵬《ほくせいほう》が起こした後輩力士への日常的な暴力行為である。

親方である白鵬は事態を把握していながら報告を怠ったことで親方としての資質と責任を問われ、降格と報酬減額処分が言い渡された。部屋の者は皆、4月1日付で伊勢ヶ濱部屋へ移籍することになった。

白鵬は北青鵬だけは怒れなかったという。それは元をたどれば白鵬自身も「ダメなものはダメだ」と叱って教える親方がいなかったことがあるのかもしれない。協会もこれを好機と見て、白鵬を追い出したい魂胆がありそうだ。

第六番　儲かるお茶屋のからくり

現在、相撲の観戦チケットを取る方法として「お茶屋」を利用する方法がある。

お茶屋とは、大相撲の本場所において入場券の売買仲介および会場での接客や案内を行う相撲協会公認の店舗のことで、相撲案内所とも呼ばれる。チケットの販売を相撲協会から委託されているのだ。相場では観客4人分のチケットがマス席で4万円ほど、そこへお茶屋はお土産や食事など付け加えて売上げは10万円超にもなる。

協会は正規料金の2割引きでお茶屋へチケット切符を渡し、お茶屋はチケットに上乗せしたお土産などで儲けを得ている。これらの利益はすべてお茶屋に入るのだ。

しかし、私はこの10万円もお茶屋の利益になるなら、相撲協会の利益にすればいいと考えている。現役中も常々不思議に思っていたし、相撲界から去った後に焼肉屋を経営してからは尚更おかしいと感じるようになった。

相撲茶屋を相撲協会が運営すれば、最低でも50億円の利益を上げられると確信している。もちろん、お茶屋さんがこれまでコツコツやってきてくれたことへの恩があることは分かる。若貴ブームの全盛期には一番後ろの席でも20～30万円で売れたものが、相撲人気が低迷してチケットがまったく売れなくなった時代にはお茶屋さんも苦労したことと思う。

しかし、お茶屋が儲けることよりも、体を張って相撲に取り組む力士に還元されるシステムを作るほうが大切に決まっている。私はなぜ相撲協会がそのように舵を切らなかったのかが不思議でならなかった。

なぜ相撲協会がお茶屋制度を廃止しないのかについては、裏で良い思いをしている人間がいるからに他ならない。

以前、お茶屋問題について2代目若乃花（元・間垣親方）に聞いたところ、間垣親方はかつて先代の初代・若乃花と初代・貴ノ花に「茶屋を廃止させるように頑張れ」と言われたそうだ。

さらに、大鵬さんや北の湖さんからは泣きながら「お茶屋を潰してくれ。仇を取ってもらいたい」と頼まれたという。

しかし、その夢が実現することはなかった。相撲協会にきちんと収入が入らないことで、相撲協会の腐敗が進んでいるのなら本末転倒ではないだろうか。

第七番 大阪場所は部屋の儲け時

私は兵庫県出身なので大阪場所は現役時代から相性が良かった。優勝決定戦に1回出たし、優勝もさせてもらった。私にとって賞金をたくさん稼げた縁起の良い場所であり、ここ大阪には力士のスポンサーを意味する「タニマチ」の語源となった「谷町」という地名がある。明治末期、谷町に相撲好きの医者がおり、貧乏相撲取りの治療を無料でしてくれていたところから現在の「タニマチ」に繋がったという（諸説あり）。

私が現役だった時代の思い出になるが、大阪の人は店に相撲取りが訪れると「おい、相撲取り来い！」といった感じで飯を食わせてくれたり、お小遣いをくれたりした。日本全国でもそういうことが好きな人が多い気前の良い土地だ。近所の八百屋のおっさんが若い衆や、序二段、三段目の力士にも「これから頑張って関取になれよ」と1万円ほどの小遣いをくれたりすることもあった。さらに差し入れの量もスゴイ。ちゃんこを作る厨房裏の通路には、米から野菜からとてつもない量が並んでいたほどだ。

ところが、新型コロナウイルスの影響により直接的なやりとりをすることが難しくなった。さらに2020年5月場所から2021年5月場所までは大阪や名古屋、福岡で行っていた場所もすべて東京で開催され、地方に足を運ぶことすら叶わなかった。これは現役の親方にとって相当な痛手だったことは間違いない。

たとえば私が現役の親方だった時、パソナという会社の代表・南部さんによくしていただいた。南部さんが大阪に500人ほど乗船できる船を所有していたので、1人5000円でその船に乗せてもらう話をつけて、1人あたり会費2万円をもらって総勢500人のクルーズを行った。

この差額の1万5000円が部屋の収入となり、大阪滞在中の宿舎や若い衆の飯代として充てられていたのである。これが無いと親方は相当やりくりが大変だ。

まず、大阪へ行くときの費用に困るし、滞在先で土俵を作るのにも協会から50万円の補助があれど、それ以外の食費などが賄いきれない。部屋を借りるにしても宿舎の値段はピンキリで、人数が多ければそれだけ費用もかかるし、高いところは100万円くらい取ったり、2～3人しかいない部屋はマンションの一角で土俵を作ったりとそれぞれの部屋に苦労がある。

部屋の収入は基本的に、パーティーなどの開催により後援会からもらえるお金である。収入が減っても、東京での家賃や地方での滞在費といった部分は削ることができない。そうなると削らざるを得ないのは食費だ。体が資本の力士の食費を削るということが、どういうことなのか。

その点も全て踏まえて力士たちのことを考えてあげなくてはいけない。部屋の運営に関して、協会は見て見ぬふりをしている場合ではないのだ。

第八番　協会が潰したいのは誰か？

2021年某日、新型コロナウイルスが依然として猛威を振るうなか、私のもとに協会関係者と思われる者から手紙が届いた。これはその手紙に書かれていた内容である。一部抜粋しながらお伝えさせていただきたい。

私は相撲協会員です。貴闘力関にしか追及できない問題でご相談いたします。

今、相撲協会のコンプライアンス部門に○○という男が雇われているのをご存じですか？　名刺には「日本相撲協会　法務室　○○○○」となっています。元は警察官上がりで、プロ野球中日ドラゴンズに暴力団対策で雇われていた男です。彼は暴力団との癒着が激しく、日本シリーズ等のチケットを横流ししたことが週刊文春に載ってクビになりました。

それがなぜか数年前から相撲協会の職員として我が物顔で出没しています。ある時は巡業にも帯同して、見回りと称して協会の金で飲み食いしてやりたい放題です。

記憶に新しいところでは、玉力道《たまりきどう》（松ヶ根親方《まつがね》）がコロナ禍に家族で食事に行ったところ、この男に見つかって処分されました。徹底して尾行した挙句の話です。

今回、朝乃山《あさのやま》の尋問でスマホを提出させて、位置情報からその日キャバクラにいたことを突き止めたという話を聞き、警察官上がりにしかできない取り調べだと思いました。このように協会は、高いお金を払って文字通り脛に傷を持つ前科者をわざわざ雇って、協会員の取り締まりをしているのです。

挙句、不祥事が起きた春日野巡業部長や部屋の力士が場所中に、しかも休場中に外食をした記事が週刊ポストに載っても一切無視の鏡山コンプライアンス部長には、責任を取らせる気はないようです。鏡山理事はその前になんのキャリアもない娘を相撲協会の職員に入れていたりと、一部の親方衆の思うままの協会で良いのでしょうか?

（関係者からの手紙）

手紙の中に登場する「朝乃山の尋問」とは、2021年5月場所中に大関・朝乃山が新型コロナウイルス感染対策のガイドラインに違反し、深夜にキャバクラに通っていたことに関するものだ。

力士たちの監視を公平にやるのであれば何の問題もない。結局のところ、自分の息のかかった人間には甘く、潰さなければならないと思った人間には警察官OBを使って徹底的に調べるという不公平さが問題なのだ。自分が敵対する人間をターゲットにするというのはおかしな話だ。また、協会の人間の口利きで人を入れるのも正常ではない。

第九番　学生相撲の闇ブローカー

私の現役時代（1980〜90年代）はプロの力士とアマチュア力士の格差が大きかった。「学生なんかに負けたら承知せんぞ」というような時代だ。時代が変わったのが、教員免許を持つ舞の海が入って来た頃からだろう。以降、学生相撲からどんどん人材が入って来たはずだ。ちなみに私の時代は藤ノ川《ふじのかわ》（服部）という力士がおり、それが一緒になって入って来た。

当時は学生相撲から大相撲へは何年かに1人入ってくるくらいの少数派だったので、相撲部屋で潰されることが多かった。それもあってか、「プロは怖いし強い」という風潮があり、学生から入ってくるのは相当に根性のある力士だったと言えるだろう。

今では学生相撲とプロの立場が近くなり、むしろ高校相撲の練習のほうが相撲部屋よりキツい場合もある。進路も、今は大学相撲から相撲部屋に上がるのが一般的になった。

中学校卒業と同時に相撲部屋に入れるのであれば、地方の相撲大会の主催者と相撲部屋との繋がりを作り、「大会に強い子が出るので見に来てください」と声がかかれば親方は視察に行くことができる。

しかし、そのためには各地に土俵が必要なのがネックであり、なかなか機会を設けることが難しい。そのため、学生横綱というブランドに目をつけて、学生力士の獲得に躍起になる構図が出来上がってしまっている。

それともうひとつ、表に出ていない事実がある。実は、学生力士はお金がないと獲得することができないのだ。プロ野球選手の契約金をイメージしてもらうと分かりやすいだろうか。契約金という名目ではないが、そのようなお金を積む風習がある。言うなれば金の力で部屋に勧誘するわけである。

それ以外の方法では、タニマチ筋の方で学校関係者と繋がりがある場合は「良い子がいるから見に来ないか？」と連絡がくることもある。ただ、ここでも金が必要になってくるのだ。相撲部の監督と直接一対一で喋れる親方はごく稀で、間にはいろいろなブローカーが入っている。

例えば学校側の要求は100万円だったはずなのに、間に仲介を挟むことで最終的に親方の所には500〜600万円で話が繋がるなんてこともある。こうなってくると貧乏部屋は良い弟子は取れない。

私が親方の時は学生力士を入れたことはなかったが、どうしても弟子として入門させたい学生がいた。それが当時高校3年生だった鳥取城北高校のYだ。運動神経も抜群で、地道に稽古を続けたら大関・横綱になれる人材だと思った。体さばきも良いので、千代大海みたいな力士になるだろうと期待していた。

結局、Yは鳥取城北から日大へ進学し、その後白鵬の宮城野部屋に入門した。おそらく白鵬がかなりの金を出したのだろう。しかし入門後、腰を怪我して最高位前頭のまま角界を去っていった。

結果論でしかないが、宮城野部屋に入ったばかりに、いろいろなところに飲みに付き合って良いことも悪いことも覚えたことは無関係ではないのではないか。きっちり稽古できなかったことが、大成できなかったひとつの原因と言っても過言ではないと思っている。

契約前に支払った1億円が誰の懐に入るか、私にも知るすべはない。日大の前理事長の田中さんに入るのか、高校の校長に入るのか、本人に入るのかは分からない。相撲界は狭い世界なので、後々力士がもらった額と親方が支払った額に多額の誤差が生じている事実が発覚することも珍しくない。

相撲協会はいくら頑張っても100億円規模の組織である。対して日大の規模たるや、日大は学生数が7万人を超え、授業料は学部にもよるが年間100万円以上かかる。そんな巨額を集めて、執行部が「ここに体育館を作りたい」「あそこに体育館を作りたい」と決めている。学長ではなく理事長が決める仕組みだ。

前理事長の田中さんは元々日大相撲部の監督で、そこから理事長へ上り詰めた男だ。相撲協会の一部の親方が「田中は相撲協会を乗っ取ろうとしている」と言っていたが、相撲協会の売り上げの10倍以上ある組織のトップである。乗っ取るまでもないだろう。

田中英壽氏（2020年12月／写真提供：時事通信）

日大相撲部が部屋に入門するとなると、学生時代の成績に応じて金額を確定させ、やりとりしているという。相当数が日大から相撲界に入っているため、おそらく相当な額が田中前理事長に入っていたのではないだろうか。以前はこうした話がマスコミに出ることはなく闇に葬られていた。
極論にはなってしまうが、相撲協会はもっと毅然たる態度で大学の力士は入れないなどの策を取れば、このような金銭問題もなくなるはずだ。親方衆でも学生力士出身の親方もいれば叩き上げの中卒の親方もいるが、千代大海は中学を卒業してすぐ九重《ここのえ》部屋に入門し成功した。中学から相撲部屋に入れる環境を整えるのも面白いだろう。その為には、きちんと学歴も取得できる相撲学校を作る必要があるのだ。

第十番　学生相撲の監督に激怒

初めに断っておくが、学生相撲の監督として本当に一生懸命やっている人はたくさんいる。彼らの多くは身銭を切ってでも学生たちに指導しており、本当に頭が上がらない。一方で、その指導はどうなんだと思ってしまう監督もいた。

私の長男は相撲が嫌いなのだが体格は人一倍よく、小6の時点で身長が180センチあった。相撲を好きになってやる気を出せたら、元横綱・北尾《きたお》くらいになる可能性があると我が子ながらに思っていた。

中学の頃、鳥取城北高校のI校長が「長男をオレに預けろ！　絶対に強くする」と言ったので預けることにしたが、長男はわずか2カ月で逃げて帰ってきた。それについてI校長は「根性がない」と言ってのけた。

私からしてみれば、根性がないからそっちに預けたわけで、根性がないことも含めて一から十まで面倒を見てくれと頼んだのである。だというのにI校長も「お前もギャンブルばっかしてんな」と吹っ掛けてきて、大喧嘩になってしまった。

鳥取から東京に戻り、中学校で相撲をするでもなくぶらぶらしていた長男の所に何十回も足を運んでくれたのが埼玉栄高校の山田監督だった。「こいつは教えたら化けるかもしれない」との思いで熱心にスカウトに訪れてくれたのである。長男はその熱意にほだされて埼玉栄高校に入学した。長男は山田監督のことを尊敬していて、この件がきっかけで私は二男、三男、四男も埼玉栄高校に進学させた。山田監督は食生活も管理し、自ら弁当も作る立派な男だ。

高校大学でもちゃんとした先生もいれば、悪い先生もいるのでどういう先生に預けるべきか、見極めが重要だ。

本当はこのような指導を相撲の親方衆がやらないといけないのだが、それをできる親方がいない。大相撲へはある程度形になった学生力士を入れたほうが強くなるという安易な考えだ。中卒で部屋へ入れて、じっくり手間をかけて力士を育て上げていく手間を惜しむべきではないだろう。

一方で親方が大変な職業であることも理解している。本来の指導とは言いがたい金策に苦労する親方が多いだろう。そのため、稽古や弟子の育成については部屋預かりの親方や兄弟子が稽古をつけることが多い。「○○部屋の△△親方」が稽古をつけてくれると思い入門したのに、いざ蓋を開けてみればまったく別の親方がいるということもある。場合によっては前相撲といって、デビュー前にいなくなることもある。

私は学生力士を否定するわけではない。学生力士のメリットがいくつかあって、例えば学生時代に優秀な成績を残すと最高で幕下十枚目からスタートできる。2~3場所勝ち越せば十両に上がれる位置からデビューできるわけだ。ゆえに、学生相撲で結果を残し、ショートカットしたいという意味で大学に行く力士も多い。

親も大学に行かせることができるだけでなく、自分の息子に相撲の才能があるのかを早めに判断できる。学歴も得られるし、もしダメなら別の道に切り替えやすい。学生相撲出身の力士が増えるのも無理はない。

それでも、やはりじっくり力士を育てることを捨ててはいけないと思う。今や学生相撲出身と外国人力士がほとんどを占める中で、どういう風にかつての育成方法に戻すかを考えていかなければいけない。

課題の一つが、力士のセカンドキャリア問題だ。相撲は十両に上がれなければ給料をもらえず、出世できないまま廃業する若い子は多い。まったく生活が保証されていない給料制度の中で廃業してしまったら、悲惨な道を歩むこともある。だから、昔みたいに「一回勝負してこい」と言う親も少なくなるのも当然のこと。

だが、辞めた後もしっかりした道があるなら親も安心して中卒から送り出せるだろう。引退後も食いはぐれることのない仕組みづくりが絶対に不可欠だ。

第十一番　田中前理事長と相撲界の関係性

日本大学前理事長・田中英壽《ひでとし》氏が2021年11月に所得税法違反容疑、平たく言うと脱税で逮捕された事件は世間を騒がせた。もちろん罪は罪として償ってもらいたい。

ただし、一人の相撲取りとして正直に言うと、田中さんの相撲に関するテクニックは凄かった。一相撲部の監督に過ぎなかった男が、大学の理事長にまでのし上がったのだから並大抵の人ではない。

元横綱・輪島さんは田中さんと日大相撲部の同年代だった。

「輪島さんより田中さんのほうが大学時代は強かったらしいじゃないですか」「田中さんがもしプロに行ってたら横綱になってたらしいじゃないです

か」と言われようものなら輪島さんは「バカ野郎！　俺は横綱だぞ。負けるわけねーだろ」と怒っていたが、実際の田中前理事長の強さは噂になっていた。

田中前理事長と輪島さんは日大の同じ年代で、部屋にも大学生がよく稽古に来ていた。学生たちはこんなに厳しい稽古をするのかという感じで見ていたが、その頃から日大の田中前理事長（当時は監督）とは面識があった。

日大の相撲部は花籠《はなかご》部屋と隣同士なので相撲部屋の収益の仕組みから儲け方までノウハウがすべて分かる。田中前理事長はそういう風な形も全部分かってお金でのし上がってきた。日本の大学と相撲界、さらには古い企業には似たような構造がある。

私は運営にまったく関係ない経営のプロを入れるべきだと思う。損得抜きで透明性を持ってやっていくべきだ。また、上の者が力を持って今までやってきた事を無しにしますと言っても誰も信用できない。

これは相撲界にも同じことが言える。結局、立て直そうと思ったらまったく関係のない人を入れてやるべき。プロ野球のように契約金も堂々と公にすればいい。現在、相撲界の金はほぼ裏金みたいなものなのだから。

第十二番　相撲協会が出禁にしているテレビ局

本場所の取組は、基本的にＮＨＫが放送権を持ち連日中継を行っている。過去には民放各局も放送していたが、様々な理由で放送をとりやめ、現在にいたる。その理由は、視聴率がとれないとか、同じ時間帯に同じ内容をそろって放送するのはどうなのかという世間の声があったとか、そんなところらしい。

しかし、相撲協会が出禁にしているテレビ局が１つある。それがテレビ朝日だ。テレビ朝日は１９５９年から２００３年まで「大相撲ダイジェスト」という深夜番組を放送していたキー局だった。

出禁になった真相だが、２０１８年にテレビ朝日が貴乃花の２時間特別番組を放送したことが原因だという。番組で貴乃花が相撲協会の良くないところを喋ったということで、協会の広報部長のお偉方が、テレ朝に力士を出さないことに決めたのだ。

相撲協会、ひいては相撲界は一体誰のものなのだろうか？　決して理事長や理事の持ち物ではなく、ファンのものである。テレビ局各局に限らず新聞社などには相撲協会を応援してもらっているのだから、貴乃花を協会の許可なく出演させたから出禁など相撲協会の驕りと言わず何と言おうか。へりくだる必要はなくとも、応援してもらうために感謝しなければいけない立場ではないか。

このままの状態で、最後の砦であるＮＨＫが「視聴率がとれないので」といってスポンサーを降りるとなった時、手を差し伸べる会社があるだろうか。

6章 名門・二子山部屋の裏話

第一番　相撲界に入門した経緯

ここまで相撲界の裏側を記してきたが、最後に私が所属していた藤島部屋（のちに吸収されて二子山部屋になる）についての裏話を書いてみたい。私の相撲人生とともに、若貴ブームを築いた名門ではどのようなことが起こっていたのかご覧いただければと思う。

私は最初から相撲一筋だったわけではなく、小学6年生までは野球をやっていた。当時あった神戸ドラゴンズというチームで野球に励み、将来は甲子園に出場してプロ野球選手になる夢を描いていた。

しかし、前述の通り親父が借金を作ってしまったがために、友達に挨拶もできず夜逃げ同然で山口へと逃げることになってしまった。

突如始まった山口県の暮らしにおいて、私の唯一の楽しみがテレビの相撲中継だった。

私は当時、小学生ながら新聞配達で1ヵ月2万円ほど稼いでいたため、仕事もせず家にいた親父が「北の湖に2000円対100円、どっち張る?」などというギャンブルを吹っかけてきたのがきっかけではあったが、どんどん相撲の面白さにのめり込んでいった。小学校を卒業したら相撲取りになるという覚悟を決めたのもその頃だった。

親父は自分の息子が相撲取りになればラッキーだと思ったのか、「今、貴ノ花が新しく部屋を作ろうとしている。貴ノ花は九州の飲み屋のママと知り合いで、貴ノ花だったら小学校のお前でもいじめられることはないから貴ノ花のところ行き」と提案してきたのだ。私もいじめられないなら貴ノ花がいいと思い、そのまま親父に連れられ部屋に行った。

親父はその昔、相撲取りになりたくて仕方なかったらしい。まだクレーン車などない時代、親父は神戸の港で船への積み荷や荷下ろしをする仕事をしていた。セメントを運ぶとき、通常は20人1組で船に積み上げるらしいのだが、ウチの親父は力が強かったため5人1組で作業したという。5人で70キロのセメントを3つ担いで運んでいたのだ。

港湾の中に、親父と張り合うほど力持ちだった米川さんという人間がいた。親父は米川さんと力比べをしたかったそうだが、結局その夢は叶わなかった。なぜなら、米川さんが相撲部屋にスカウトされたから。そして、その米川さんが後の横綱、先代の朝潮さんという話である。

親父は「俺は相撲取りになってたら、絶対に関取になっていた」と常々口にしていた。私が関取になれたのも、親父の遺伝のおかげなのだろう。何もしなくてもバーベル200キロ以上を持ち上げられるのは親からもらったものだ。そういう意味では、無茶苦茶な親父だったが感謝もしている。

そんなこともあり、小学6年生で相撲部屋の門を叩いた。後の若貴兄弟、勝と光司はまだ小学3年と1年。3人で半年間一緒に生活することになった。その生活があったから、女将さんがどれだけ貴乃花を大事にしているかが分かる。

半年経った頃、中学を卒業しないと相撲部屋に入門できないと言われてしまった。当時の私はタダ飯ばかり食べて何もやらないから追い返せと言われているのかと思い、九州に再び戻った。

中学2年のはじめに福岡県に引っ越し、柔道の強い学校に入学。一度もやったことがないのにオリンピックで金メダルを目指すやつが大勢いる中、勝てるわけなどない。しかし、そこで厳しい練習をさせてもらったことで相撲部屋に入門した後の苦しい練習にも耐えることができた。

第二番　若貴に貴闘力もお手上げ!?

1980（昭和55）年春、師匠がまだ現役で大関・貴ノ花の時に私は藤島部屋に入門した。元々夜逃げ同然で家を出たような家柄で育ったので、食い物の心配をしなくていいというのは天国だった。若貴と同じものを食べさせてもらったし、親方だけ良いものを食べるということを師匠はしなかった。

ちなみに、藤島部屋では飯を出すときには2回でよそって親指を隠して両手で出すというルールがある。これらのマナーはおかみさんが教えてくれた。花田家が私からお金を取ることはなく半年間飯を食わせてくれたこと、今でも本当に感謝している。

居候中には子どもながらのハプニングもあった。勝が家でサッカーボールを蹴っていたので「こんなところでサッカーボール蹴ったらダメだよ」と叱ると「いいじゃん、ぼくのウチなんだから」と言われたが、案の定ボールがメキシコ合衆国友好楯に当たって割れてしまった。

もちろん親方は激怒。「これ誰がやったんだ」と言われると、勝がビビッて私のことを指し、私は親方にシバかれた。勝は後でそのことを悪く思い「すみません、ぼくがやりました」と白状したのだが、親方も私に謝るに謝れなかったのだろう。「鎌苅（私の本名）、タバコ2カートン買ってこい」と1万円を渡され、お釣りは小遣いとしてくれた。

それをおかみさんに言うと「まだ中学生なのに、そんなお小遣い子どもにあげてどうするの」と怒られていて、親方はバツの悪そうな顔をしていた。

なお、当時のお小遣いは小学生の勝と光司には1500円、私は中学に上がったから3000円もらっていた。おかみさんは勉強に関してはうるさくなかったが、おばあさんがうるさかった。「アンタが勉強しないから、ウチの勝と光司が勉強しないのよ」と怒られたものだ。

第三番 欽ちゃんと貴闘力

当時、親方はすでに有名人だったので萩本欽一さんや小川宏さんなどいろいろな有名人がよく部屋を訪れていた。

欽ちゃんが私に「ぼくも相撲取りになるのか？ がんばれよ」と言って、頭を触ってもらったことがあった。私はそれをずっと覚えており、関取になってから再び欽ちゃんに出会ったときに「花田家に居候していた時に頭触って頑張れよって言ってもらったことあるんですよ」と言うと、欽ちゃんも喜んでくれて「今度、新宿コマで相撲の舞台をやるから四股の踏み方とか教えてくれ」と言われて3日ほど通ったこともあった。

それから数十年が経ち私が相撲協会をクビになった後、欽ちゃんの最後の舞台が明治座で行われるというので挨拶に行った。欽ちゃんは「おい、何してるの？」と前と同じように聞いてくれて「クビになって焼肉屋やっています」と言うと、最終日の打ち上げを途中で抜けて店に来てくれたのだ。24時に店は閉めるが、深夜3時くらいまで残っていろんな話をしてくれた。

人間の生まれ持った運の話だ。「お前は相撲をクビになって運がないから、息子らは絶対に関取になる。お前が運を全部吐き出しているから、また子どもらに運が回ってくる」と励ましの言葉を投げかけてくれた。今でもこの言葉を大事にしている。

第四番　強すぎる中学生　若貴入門の裏側

1988年3月、私が正式に入門して5年経った頃に若貴兄弟が藤島部屋に入門してきた。

その3カ月ほど前、一足先に勝と光司が稽古場に降りて来て序ノ口の力士と相撲を取ったのだが、入門前だったにもかかわらず序ノ口の力士を一蹴した。続いて序二段、三段目も歯が立たず、ついには私の同級生である悟道力《ごどうりき》までも羽目板まで叩きつけられたのだった。

光司は15歳で握力95キロ。2人とも入門前からとにかく強かったので三段目ぐらいでは歯が立たないのは当たり前だ。私はその頃、幕下上位だったのでさすがに対戦することはなかったが、おそらく負けてはいないと思う。若貴の怪我のリスクも考えて、親方が対戦を避けたのだろう。

入門にあたり若貴は部屋に挨拶に来て、翌日には稽古を開始。藤島部屋は豊ノ海（貴ノ浜）と安芸乃島が関取になったところで親方も一仕事終えたと思っていただろうが、このタイミングでもう一回ギアが入った。

若貴が入った時、部屋の方針が変わった。それまでは新弟子が言うことを聞かなければ殴られるような時代だったが、親方としては自分の息子が入門したことで公平を期すことにしたのだろう。弟子たちを集合させて、「明日から電話番もちゃんこ番も掃除も洗濯も自分らでやれ」と言ったのだ。幕下もみんな一緒で、自分たちのことは自分でやるというルールに変わった。ここで変わることができたのはよかったと思う。

ほかにも若貴の入門は私たちにとって良いことがあった。部屋に洗濯機とクーラーが設置されたのである。部屋の環境が整うことで、その後、関取衆がどんどん誕生していく。

入門から5年も経って、今さら「全部自分でやれ」と言われてふてくされたやつもいたが、それでも身の回りのことを全部自分でやっていったことで、その先の人生でどこの世界に行っても通用するようになるのだから親方の方針は間違っていなかった。藤島部屋は雑用係がいなくなり、全員が人としても強くなった。

光司は特別扱いされたくないという感じだったが、勝は正直に「されたいです」と言っていたそうだ。勝に言ったことは親方とおかみさんに筒抜けになることも日常茶飯事だった。

私は若貴がどれだけ大事に育てられてきたかを知っていたので、入門後も2人のトレーニングの面倒を見てやり、稽古が終わって夜に「飯でも食いに行くか」と金もないのに誘って行った。それを知ったおかみさんが私の財布の中に5万とか10万とか黙って入れてくれることもあった。気前のいい人だった。

もし、若貴が入門後に雑用係として朝から晩までこき使われていたら、1年半で十両に上がることもなかっただろう。期待に応えた2人はもちろんスゴイのだが、雑用する間もないほど稽古していたのも事実だ。

ちなみに私がおかみさんに「若貴は絶対に三役（大関）には行きますよ」と言うと、「2人とも横綱になってもらわなきゃ困るのよ！」と言われたことがあった。当時の2人にはそれほどの期待がかけられていた。

第五番

ストイックすぎる貴乃花

兄弟そろって横綱となった若貴兄弟は、かなり性格が違っていた。

私がトレーニングに一緒に行こうと誘うと、真面目な光司は毎日ついて来たが、勝は「ちょっとすみません。デートで」と調子の良いことを言うような面もあった。

貴乃花とはトレーニングセンターで一緒にトレーニングして、そのままご飯を食べるというのを毎日やっていた。寝ているときにキュッキュッと音がするなと思うと、貴乃花がずっとグリップを握っている音だったり、夜中の1時半頃にゴンゴンと音がするなと思ったら、貴乃花が鉄砲をしていたこともあった。

貴乃花はとにかく稽古をする男だったが、若乃花と貴乃花のどちらが素質があるかと言えば若乃花かもしれない。相撲のセンスを言葉で伝えるのは難しいが、とにかく膝から下の力が強かった。膝から下の力が強くないと、体が大きかろうが小さかろうが軽く感じてしまう。膝下の力がとにかく強かったので、200キロの相手でも対等に戦えたし、投げられても踏ん張ってうっちゃったりができた。

部屋には200キロ近い豊ノ海さんや五剣山《ごけんざん》がいて、ある程度若貴が強くなると大型力士に対抗できるようにそういう人間とばかり稽古をする。この2人がいる藤島部屋の稽古環境が、若貴が躍進したひとつのきっかけになった。

巡業の際に豊ノ海の付き人には、勝、光司、大関・貴ノ浪、そして私がいた。のちの横綱2人に大関1人に貴闘力と、そうそうたるメンバーだ。

親方からはちゃんこは作らせなくていいから、しっかり稽古させてやってくれと頼まれていた。通常は協会から関取が1600円、幕下以下が800

円のちゃんこ銭《せん》が支給されて、それを集めてちゃんこを作る。しかし、ちゃんこ当番をやめて仕出し弁当をとるにしても、その金額で買えるもので自炊もせずに力士が腹いっぱいになるわけがない。

そこで、巡業中に小遣いを稼ぐことにした。巡業にはお好み（催し物）があって、「相撲甚句《すもうじんく》（土俵の上で民謡を披露すること）」「初切《しょっきり》（相撲の禁じ手を面白おかしく紹介する見世物）」「幕下決勝5番（幕下力士とアマチュア力士の5番勝負）」などが行われる。私たち4人は巡業の度に催しに出場させてもらった。それもそのはず、幕下力士にも関わらず絶大な人気があった若貴を巡業に出した方が美味しいと協会が判断したからだ。

幕下決勝で優勝したら1万5000円の賞金がもらえるのだが、4人のうちの誰かが必ず優勝する。参加料を加えて2万円ほどのお金になる。私たちは巡業の戦利品でおいしい食事をいただいていたのだ。

親方が良くないと思うのは、若貴が十両に上がってから雑用は全員でやるというルールを撤廃したことだ。元に戻したのである。それが私は良くなかったと思っている。そのまま続けていれば最高の藤島部屋だっただろう。

もし貴乃花が雑用も平等に全部やっていたら、下の人間の気持ちもくみ取れるようになっていたかもしれない。貴乃花は自分の考えを伝え、相手の考えを汲むという点には少し欠けているように思う。人の気持ちが分かる貴乃花だったら協会の運営もスムーズにいったのではないかと感じずにはいられない。

第六番　若貴優勝決定戦の真相

1995年、九州場所での若貴兄弟による優勝決定戦。

両者は「12勝2敗」と共に優勝争いの先頭で千秋楽を迎えたが、若乃花は武双山《むそうやま》に、貴乃花は武蔵丸に敗戦。この結果、どちらも「12勝3敗」と決着がつかず、史上唯一となる兄弟同士の優勝決定戦が行われることとなった。

結果はご存知の通り若乃花が下手投げで勝つのだが、2人の親父である貴ノ花親方から貴乃花は次のように言われたそうだ。

「お前はこの先何回も優勝するけど、勝には最後のチャンスかもしれない」

こう言われて、勝負に何の影響も出なかったと言えるだろうか。真相は分からないが、私の同期である悟道力が貴乃花の引退後に聞いたとき、「100

番とって負けない相手に決定戦で負けると思いますか？」と言われたそうだ。

ここでは貴乃花サイドの話しかないので、もちろん若乃花にも言い分はあると思う。

また、翌1996年1月場所の優勝決定戦でも貴乃花は貴ノ浪に敗れるのだが、貴乃花は風呂場で桶を叩きつけて「チクショー」と声を上げ悔しがっていた。それくらい真剣勝負にいっている力士だ。兄弟対決とは言え手を抜いたとは考えにくいのではないか。藤島部屋の貴乃花はそれくらいガチンコで取り組んでいた。

第七番　二子山部屋合併の弊害

そんなガチンコだった藤島部屋が、「二子山部屋」に変わったときの話である。

1993年3月、藤島親方が率いていた藤島部屋は、実兄である元横綱・初代若乃花の定年により二子山部屋と合併して新たに「二子山部屋」に名称変更した。旧・二子山部屋の力士38人が藤島部屋に合流し、総勢50人の大所帯になった。

最初は親方もおかみさんも「藤島部屋」のままでやっていきたいと願っていた。二子山には荒磯《あらいそ》親方など他の親方がいたのだから、そのまま二子山を継承すれば済むはずだったのにと思わずにいられない。藤島部屋にとって二子山部屋を合併することにメリットはない。「二子山」の株は、兄弟の間で3億以上の金で売られたそうだ。

2つの部屋を合併したために、最盛期には60人以上の力士がいた。それまで弟子が40人ぐらいでギリギリ回っていたのに、人が増えて寝るところもなかったほどだ。藤島部屋にはお金があるからと大量の弟子が入ってきた。

それに伴う弊害が生じた。藤島部屋はガチンコでやるという空気があったのに、八百長をやる人間が入ってきたことによって風紀が乱れる事態になった。合併前は若い衆がタバコを吸っていたら「力士がタバコなんか吸うな。スタミナもなくなるし」と厳しく指導したものだが、二子山の先輩がタバコを吸っているため、タバコを吸うのが悪いのかという空気になってしまった。

巡業に行った時も、稽古しているとかつては「よく稽古した。もっと稽古せい」という部屋の空気が、「なんで稽古するんだ。ちゃんこ番しろ」と怒られる空気になった。現場にいて、この空気は良くないなと思っていた。

あくまでも悪いのはこの環境であって、二子山部屋の力士が良くないというわけではない。「下の人間は稽古よりちゃんこ」という部屋のルールは力士の育成に良いように働かない。

しかし、藤島親方は何も言えない。部屋の力士が八百長をしていても「八百長するな」と言えない。なぜなら本人もやっていたからだ。自分の弟子には言えても、他から入ってきた人間には言えない、複雑な師弟関係だった。

実際に、二子山部屋との合併以降、部屋から関取になった人間は出なかった。私から見て「こいつは一生懸命やれば関取になるな」という人間が5人はいたが、それがみな関取になっていない。

親方は亡くなる前に弟子を呼んで、「俺の責任でお前らを強くできず本当に悪かった」と謝罪した。親方に思うところがないわけではないが、親方に一言「ごめんな」と言われれば、イラッとしていた気持ちも全部消えた。それくらい親方にはカリスマ性もあった。

おかみさんは藤島部屋をやるときに「ウチの部屋は八百長無しの部屋にし

ましょう。そうじゃないと私は相撲部屋やりません」と常々言っていた。おかみさんの想いが藤島部屋のブランドを作ったのだ。それが合併によって全部消えた。

既存の部屋の雰囲気を変えるのは非常に難しい。私も藤島部屋から大鵬部屋に移動したとき、藤島部屋の良い空気を伝えたいと思ったが、大鵬親方がいるので変えようもなかったのだ。できることなら、自分で新しい部屋を作るしかないのである。

第八番　大鵬部屋と藤島部屋の二足の草鞋

22～23歳の頃、私のファンだという縁でちょこちょこ一緒にご飯を食べに行く女性がいた。それが後に妻となる、横綱・大鵬さんの三女であった。妻とは後に離婚することになるのだが。

私の親父からは生前、「1メートル80センチで100キロ以上ある女と結婚しろ！」「孫が出来たら、毎日たらふく食わせてやって史上最強の相撲取りにする」と耳がタコになるほど聞かされていた。孫を最強の相撲取りにするために、最強の遺伝子を望んでいたのである。

そんな親父だから、大鵬親方の娘さんと結婚するとなったとき、それは喜んでいた。しかし、大鵬さんへの挨拶に私がどれほど緊張したことか。

挨拶に行くと鮎の内臓で作る塩辛のような高級珍味「うるか」を出され、実はあまり珍味が好きではないのだが、相手は義理の父となる人であり天下の大横綱だ。断るわけにはいかない。食べると「うわあ」という感想だったが、そこは辛抱して「うまいです」と答えた。

そこからは子ども時代の話などいろんなことを話したが、大鵬さんは「こいつはお前にくれてやるから。こいつは虎だから喧嘩するよ。手綱を締めていかなきゃダメだよ」と、私から「結婚させてください」と言う前に話が済んでしまったのだった。こうして私は大鵬親方に婿入りすることとなった。

私と家内は藤島部屋の近所に一緒に住むようになったのだが、次第に私が家に寄り付かなくなってしまった。それからは2人で住み続けるよりも、家内の母親と大鵬親方がいるところに帰ったほうがいいと思ったので、私は大鵬部屋に居候することになった。

すると、安芸乃島さんのように「お前はウチの人間じゃねえ。藤島部屋を裏切った」といじわるなことを言ってくる人間もいたが、結果的にこの選択のおかげで夫婦関係は円満になった。

外から見ると経済的に苦しくなっての居候だと思われていただろうが、清澄白河にある大鵬部屋から中野新橋にある藤島部屋まで行くのは大変だった。タクシーを使えば往復で1万円はかかるので、家賃20万円が浮いても交通費で同額かそれ以上はかかる。

大鵬部屋の状況も、親方が病気をしてから変わっていった。かつては50人近い弟子がいたが、病気を機に弟子の数は徐々に減り、一桁にまでなった。所属部屋が違うとはいえ、義理の家族の窮地に何もしないわけにはいかず、私は稽古が終わってから時間を見て弟子の勧誘に行くことにした。自分の子どもと近い年代のライバルを探そうという狙いもあった。

結果的に10人くらい大鵬部屋に入れたのだが、部屋付きの親方など無責任なものである。みんないじめで辞めさせてしまった。勧誘した力士の親にも「あなたに預けたのに、なんで藤島部屋にいて稽古をつけてくれないの?」とクレームも入った。私は反省し、それからは藤島部屋に行かずに大鵬部屋で稽古を開始する。

それにあたり、藤島親方に部屋の移籍を相談した。

「今、藤島部屋に弟子は50~60人いて全盛ですよね。俺一人大鵬部屋に行っても文句ないでしょう？　移籍させてください」

私の相談に、藤島親方は一言、「なに考えてんだこの野郎」と言った。私はそれでも退かず、「将来的・全体的に相撲協会の理事になるとしたら、ということを考えてください」と説得を続けた。

私の考えとして二子山（藤島）イズムを大鵬部屋で継承するつもりであったのだ。藤島部屋のときの考えを大鵬部屋に根付かせることができれば、藤島部屋の考えに賛同する人間を増やせる。大鵬親方が前線で指導に当たれない今が好機だと考えていた。

広い目で見れば私が大鵬部屋に移籍することを否定されるいわれはないと思うのだが、藤島親方は最後まで首を縦に振らなかった。

正直、そこでやる気が削がれたこともあったのだが、以降10年間にわたり関取としての生活は続く。大鵬部屋には弟子も入れ続けなければいけない。大鵬親方に関しても体が悪いから世話役も付けなければならない。そのジレンマにいらいらし続けた10年間だった。

ちなみに、大鵬部屋に移籍していたら藤島部屋の力士と対戦していた可能性がある。

もし、貴乃花・若乃花と当たっていたら、まず顔をバチバチして、「この野郎！　坊ちゃんが！」という風に相撲を取るつもりだった。熱狂的な私のことを好きだと言ってくれるファンが1割から2割くらい出てきていたと思うので、貴乃花や若乃花、貴ノ浪、安芸乃島、曙、武蔵丸などと当たって痺れる戦いができていたら、もっと記憶に残る力士になっていたかもしれない。そういう話も藤島親方に言ったのだが、「お前ごときが偉そうに言うな」と一蹴され、この計画は幻に終わった。

第九番 「貴の乱」と貴乃花一派の敗北

2017年9月場所後の10月25日、秋巡業鳥取場所前日にモンゴル人力士を中心として行われた酒席において、横綱・日馬富士《はるまふじ》が十両・貴ノ岩《たかのいわ》に暴行する事件があった。

貴ノ岩に対して白鵬が説教をしている最中に貴ノ岩のスマホが鳴り操作しようとしたため、日馬富士が注意し、貴ノ岩を平手で十数回、カラオケのリモコンで頭を数回殴るというものだった。

日本相撲協会は日馬富士関の暴行の報告を怠ったとして、被害者・貴ノ岩の師匠であり巡業部長の貴乃花の理事解任を決定、「役員待遇委員」に降格となった。相撲協会で理事が解任されたのは初めてだった。

貴乃花の理事解任は、この暴行事件のみで決定づけられたものではない。事の発端は2010年、貴乃花が理事選に出たあたりから相撲協会と貴乃花に亀裂が生まれていった。

当時、まだ相撲協会で影響力の大きかった北の湖親方が貴乃花を可愛がってくれていたので、他の親方衆は何も言えなかった。その間に貴乃花はどんどん基盤を作っていったのだが、北の湖親方の死後流れが変わった。目の上のたんこぶがいなくなったのを幸いに貴乃花崩しが始まったのである。北の湖親方が生きていたら、貴乃花もクビになっていなかったかもしれない。

私がまだ親方をしていたときに貴乃花が来て「実は理事選に立候補しようと思ってるんだけど」と相談を受けた。私としては、そんなに急がずとも次の選挙でもいいのではないかと思ったが、貴乃花は「時間がないんだ」と頑なだった。

あまりにも言うので、私も二子山の株を無償で貸してもらっているし、本心では私も改革をしたかった。だからこそ、貴乃花を信じすべてを託すことにした。

しかしその話を耳にした二所ノ関一門の人間は、「理事選には出なくていい。言うことを聞けないんだったら出ていけ」と言ってきたのだ。その急先鋒が尾車だった。

そのような圧力はありつつも、貴乃花は立候補を取り下げなかった。ところが味方が少ないため、苦しい戦況であることに変わりない。理事選は親方が1人1票を持っていて、各一門で誰に投票するかは固まってしまう。

貴乃花は4票しか持っていなかった。当選するには追加で最低でも6票必要だ。私は率直に「無理があると思うけどどうするの？」と疑問を投げかけると、返ってきた答えは「お前がなんとかしろ！」だった。無茶苦茶だが、それから私と貴乃花と貴ノ浪の3人で作戦を練った。

結果的に絶対に無理だと思われていたところから、貴乃花は理事になってしまうのであるが、これが二所ノ関一門の反感を買った。俗に言う「貴の乱」である。急がずとも待っておけばいずれ理事になっただろうが、このままじゃダメだと思うと待っていられるタイプではない。しかし、親方勢は貴乃花を潰したい。

では、貴乃花の派閥で誰が最初に潰しやすいかといったら、脇の甘い私だったというわけだ。野球賭博の一連の事件によって、私は早々にクビを切られてしまった。

ここまでにも何度も書いてきたが、八百長は私たちの時代には当たり前にあった。上に立つ横綱・大関は下の者に星を配る。星一つで約80万円だ。進退がかかる者は、ガチンコで挑んでイチかバチかの勝負をするよりも、星を融通し合って良い位置を目指すこともあるだろう。

私は相撲が好きだからこそガチンコ勝負こそが正しい姿勢だと思っているが、私の考えと反対の考えがある。あちらからすれば、私のほうが間違っていると思っている。その戦いを続けてきた。強いやつが一番上に立ち、一番頑張ったやつが一番金をもらうほうがいい。

そのずっと心の中で思ってきたことを、貴乃花が「オレが新しい相撲協会を作りますよ。協力してください」と言って実行しようとしてくれた。貴乃花一派に賛同してくれる人もいくらかいたが、実際の中心は貴乃花と私と益《ます》荒《ら》雄《お》さんと貴ノ浪だった。

ところが、貴乃花がどういう考えでいるかを何も教えてもらえなかったので、最終的に分裂してしまった。戦いにはそのまま敗れてしまうが、貴乃花イズムが消えたわけではない。それがどこまで浸透するかが今後のカギとなるだろう。

【著者略歴】

貴闘力（たかとうりき）

1967年9月28日生まれ。

15歳で元大関・貴ノ花の藤島部屋に入門。最高位は関脇。

2002年9月場所で現役を引退後は「大嶽」を襲名し、大鵬部屋に移籍する。相撲協会を離れてからは実業家として焼肉店を経営。2020年から開始したYouTubeチャンネル「貴闘力部屋～相撲再生計画～」では角界のタブーにも忖度なしに切り込み、大相撲の人気を復活させるべく活動している。

大相撲土俵裏

2024年 6月12日 第1刷

著　者　貴闘力
発行人　山田有司
発行所　株式会社彩図社
〒170-0005
東京都豊島区南大塚3-24-4 MTビル
TEL 03-5985-8213　FAX 03-5985-8224
URL：https://www.saiz.co.jp/
Twitter：https://twitter.com/saiz_sha

印刷所　新灯印刷株式会社

ISBN978-4-8013-0721-6 C0195

※本書は2022年10月に小社より刊行した『大相撲土俵裏』を文庫化したものです。